Comment grandir

Pistes pour l'épanouissement
d'un jeune adulte

Marie-Pierre Lamy-Péchoux

Éditions BoD

Comment grandir

Imprimé par

Book on Demand

Comment grandir

Comment grandir

A mes filles, Lorédane et Emma.

Comment grandir

La collection booster a pour but de mettre des outils de réflexion et de croissance personnelle et spirituelle à disposition du lecteur.

Vivre, c'est grandir. C'est en ce sens que ces outils sont à accueillir comme des parcours à lire, à vivre et à partager.

Comment grandir

Introduction

Dans mon parcours personnel, mon engagement bénévole en tant qu'animatrice auprès des jeunes a tenu une place importante et aujourd'hui encore. Dès l'âge de 17 ans, mon BAFA en poche, je passais mes vacances et mes samedis engagée dans l'animation. Lorsque mes filles sont devenues adolescentes, j'ai décidé, en accord avec mon mari, d'ouvrir la maison pour accueillir le temps d'une soirée, et souvent plus, les amis de nos filles. Depuis 7 ans nous vivons une aventure enrichissante avec ces jeunes de 14 à 30 ans.

Notre maison est devenue pour eux un lieu pour parler de la vie, et bien souvent de leur vie. Je développais divers thèmes, certaines fois à partir de leurs questions, que nous discutions ensuite sous forme de débats. Ce livre reprend ces discussions et les outils que nous avons partagés lors de nos soirées pizza (ou crêpes) /débat.

J'espère que ces pages apporteront quelques idées et quelques pistes pour enrichir nos différents chemins de vie.

Chapitre 1

Postures de vie ou rêver

Qu'est-ce qu'une posture ? Quand on parle de posture on parle avant tout de positions physiques mais ici il s'agit d'autre chose. C'est une attitude au-dedans de soi, un mouvement comme un geste intérieur qui nous permet de réagir, de prendre position face aux différentes situations de la vie : face aux difficultés, face aux rejets, face aux échecs mais aussi face aux réussites.

La posture, ce geste intérieur est comme la colonne vertébrale d'une idée forte, d'une appréciation, d'une croyance intérieure : elle te met en position combative ou défaitiste face aux situations comme la maladie, le handicap, les problèmes de toute sorte. Tu peux par exemple prendre une position confiante ou peureuse face au futur, à l'inconnu. Si tu regardes autour de toi tu observeras que certaines personnes sont confiantes, d'autres peureuses, d'autres encore passives, actives, téméraires, sur la défensive... toutes ne réagissent pas de la même manière aux différents événements de la vie.

Les postures, les attitudes intérieures ne sont pas figées ou paralysées comme une photo, elles s'enrichissent, se réajustent avec tes interprétations, tes convictions, tes opinions, tes rencontres, tes lectures... Heureusement que les expériences sont avant tout de continuels apprentissages avec lesquels chacun a la possibilité d'évoluer au fil des années.

Ta vie est ton laboratoire, l'atelier des remises en question où tu règles, réajustes tes postures, tes attitudes intérieures, tes certitudes. Ta vie sera toujours ton champ d'influence et plus précisément ta vie intérieure. Croire que quelque chose peut changer et peut évoluer en toi dès maintenant, c'est déjà entrer et mettre en route un processus, un mécanisme dans ton laboratoire, et te mettre en mouvement dans ta vie.

Dans ce mouvement tu peux aller de la peur à la confiance, de la passivité à l'offensive, de l'immobilité à l'essai, tu peux passer d'un ici à un là. Il est évident que cela ne se fait pas du jour au lendemain, c'est un exercice au quotidien, c'est ta vie !

Cette idée, cette croyance sur toi est une force qui investit, pénètre ton cœur et ton esprit, c'est un moteur qui te propulse en avant. Mais malheureusement si cette idée de toi est négative elle te tire vers le bas au lieu de t'emmener dans une spirale vertueuse et te fait régresser.

Croire que quelque chose peut changer c'est aussi « faire comme si ». « Faire comme si » te met en action car « tu fais ». Cela t'implique dans le présent pour te prolonger dans le futur possible. C'est, le temps d'un instant mettre en place une action pour se rendre compte que tu as la possibilité d'agir, qu'il est possible de rentrer dans un processus.

Voici quelques réflexions pour mieux comprendre la notion de postures ou attitudes intérieures :

1. Sachant qu'on est guidé par nos certitudes est-ce que tu as réfléchi aux valeurs de ta vie comme par exemple la liberté (liberté de demander quelque chose ou de refuser, liberté d'être toi-même), l'effort (mettre en mouvement ses capacités pour vaincre une résistance), l'égalité (refuser les discriminations sous toutes ses formes), la famille, l'amitié,

la réussite ... ? Si c'est le cas alors tu as des repères pour aller d'un point à un autre.

2. As-tu une posture, une attitude passive face à ta vie ? Tu te laisses peut-être porter par les autres, tu n'es pas le moteur de ta vie, quelqu'un prend les décisions à ta place ? tu peux alors adopter une posture offensive, plus présente, plus expressive et tu seras plus vivant et plus joyeux. Les difficultés de la vie peuvent te rendre plus fort, les réussites plus enthousiastes, plus confiant mais malheureusement tu peux aussi être plus peureux, plus soupçonneux si tu te laisses envahir par des idées toxiques !

3. Tes idées, tes pensées, tes sentiments bougent sans cesse pour construire l'adulte que tu deviens indiscutablement. N'aie pas peur de tester, d'expérimenter car la persévérance est le nom qu'on donne aux essais successifs, aux tentatives répétées pour tâtonner et avancer dans sa vie.

4. Tes postures ou tes états d'esprit disent quelque chose de ton regard sur toi (confiance en toi, peur, ...) et sur ceux qui sont autour de toi (l'autre est plus que moi, l'autre est moins que moi...). Celui ou celle

qui t'observe agit malheureusement comme un miroir et te renvoie ce qu'il ou elle reçoit : comment tu te tiens, comment tu te vois.

C'est un processus :

• Ça commence toujours par une petite chose qui éveille la curiosité, c'est un étonnement de ce qui se passe, des mots qui trouvent tout à coup écho en toi. Un mot comme une pierre sur ton chemin, un signe d'une possibilité à venir, une graine tombée dans ton jardin et voilà tu commences à changer de position, de posture.

• Tu reçois une nouvelle pensée qui devient le point de départ d'une nouvelle réflexion.

• Maintenant une réflexion qui ouvre à son tour sur une gamme de possibilités.

• Devant ces possibilités il y a quelque chose à faire. Certains diront que c'est une question de volonté : vouloir c'est pouvoir, c'est avoir de la détermination, c'est être résolu, décidé.   Donc il te faut choisir de changer !

• Rêver de toi différent, plus fort, plus joyeux, plus (...) c'est te rendre disponible pour accueillir les opportunités, les possibilités de marcher sur un nouveau chemin. Le rêve est une porte ouverte sur la réalité, sur une véritable expérience !

• Et poursuivre son rêve c'est faire comme si tu avais de l'assurance, faire comme si c'était facile te permet d'aller au-delà de tes limites. Tu poses alors des actes qui t'encouragent, tu ouvres le chemin du possible.

Chapitre 2

La famille

La famille aujourd'hui a plusieurs définitions. Il y a les familles classiques (les parents biologiques et leurs enfants), les familles recomposées (le couple parental n'est plus celui d'origine et les enfants ont un nouveau parent), les familles monoparentales (les enfants vivent avec un seul de leurs parents), les familles homoparentales (les enfants vivent avec des parents qui ont le même sexe). La famille est peut-être une famille d'adoption, mais aussi simplement le fait d'habiter sous un même toit avec des personnes qui au départ étaient étrangères comme par exemple les foyers d'accueil.

Toutes les familles ont donc une histoire à se raconter ou plus précisément des histoires à se raconter. Quel que soit alors ta famille elle reste le lieu de ta construction et de ton envol.

Elle est le lieu de ta naissance, du départ à la vie, d'une aventure. Tu es unique car tu as un peu de ta mère, un peu de ton père et une construction personnelle, originale.

La famille est le lieu du lien : tes parents te lient à la vie, à eux et aux autres, à leur manière. Parfois ils n'ont que peu d'outils pour t'aider à conquérir une place dans la société ou apprendre à t'attacher à l'autre. Certains parents retransmettent un schéma, un dysfonctionnement qu'ils ont eux-mêmes subi, d'autres heureusement ont pensé à la famille qu'ils voulaient fonder et se réajustent au fur et à mesure des années passant.

Une réflexion est indispensable pour comprendre à quelle famille tu appartiens car tu devras la quitter et non la fuir pour construire ta propre famille. Tu la construiras à partir de ce que tu as vécu et essayer d'éviter de faire du « copier-coller ».

Comme la famille est une réalité qui varie suivant les cultures et les situations personnelles tu ne peux parfois pas te comparer à d'autres. Suivant les situations, les enjeux ne sont pas les mêmes ainsi que les pressions familiales ou amicales ou encore administratives. Par exemple si ton parent est isolé, il peut être en difficulté financière, relationnelle et qu'il doive subir la pression des siens. Tu te trouves alors au milieu de d'enjeux que tu ne soupçonnes même pas et de pressions non dites. De manière générale il est important de te demander si ta famille est toxique ou dysfonctionnelle.

On parle de famille dysfonctionnelle quand ces familles véhiculent beaucoup de souffrances. Les parents n'arrivant pas à se remettre en question, reproduisent les erreurs qu'ils ont eux-mêmes subies auparavant. Tu auras tendance à ton tour à reproduire une manière de vivre, une manière de faire et une manière de dire les choses.

On parle de famille toxique quand la famille éteint la personnalité, la vitalité de certains. Un des parent (et parfois les deux), surprotègent, phagocytent (absorbent étouffent) un ou plusieurs de leurs enfants à cause de certaines problématiques personnelles comme par exemple les non-dits.

Chaque famille a ses normes, ses règles : il n'est pas simple d'y échapper !

Heureusement que beaucoup de familles permettent à leurs enfants de s'envoler dans la vie dans de bonnes conditions !

La famille peut être pour toi :

* Un ring où il faut combattre : la famille n'est pas un cercle formé par des personnes qui ont les mêmes affinités. Parfois les insultes fusent, les agressivités sont réelles. Les rivalités engagent des guerres, des humiliations. Malheureusement les parents à causes des comparaisons, voire des préférences activent des jalousies, ouvrent des conflits.

* Un tribunal où il faut se justifier : c'est le jeu des pourquoi, des comment auxquels tu es soumis. Tu as l'impression que tes parents font partie de la police et qu'il faut répondre à une liste de questions. Tu te sens fréquemment accusé et attaqué. Cette attitude intrusive et réprobatrice alimente de la colère car ça t'étouffe.

* Une cage dont tu n'as pas la clé : à cause d'un discours sur tes limites, des remarques sur ton apparence, des questions sur tes capacités intellectuelles tu manques de confiance de confiance en toi et tu as peur de quitter la maison, tu te sens incapable, désarmé pour prendre soin de toi. Au final tu rêves d'une autre famille pour vivre une autre vie.

- Une maternelle où tu restes toujours un enfant : cela s'appelle aussi le syndrome de Peter Pan, personnage inventé par J M Barrie[1]. Peter Pan refuse de grandir et évolue dans un monde imaginaire. Tu n'as pas envie de grandir car le monde des adultes est avant tout angoissant et compliqué. Tu choisis de rester dépendant. La famille te protège contre une certaine angoisse de devenir adulte.

Mais la famille peut être aussi :

- Un refuge pour fuir la violence d'un autre.

- Un abri où tu peux pleurer.

- Un lieu où tu te construis.

- Un lieu où tu es protégé.

- Un hôpital pour être réparé.

- Un lieu accueillant et paisible.

- Un lieu joyeux et ouvert.

- Un lieu de l'expérimentation.

- Un lieu de croissance physique, émotionnelle et intellectuelle.

---

[1] James Matthew Barrie, Peter Pan, éditions Librio, 2013.

Lorsque tu nais tu t'inscris simultanément dans un passé (tes parents et grands-parents), un présent (toi) mais aussi un futur (ceux qui viendront après toi). Naître c'est déjà écrire une histoire et s'inscrire dans une histoire.

La famille idéale n'existe pas. Mais pour s'y épanouir certains ingrédients sont indispensables : de l'intimité, de l'organisation, de la justice, une gestion des conflits et non leur fuite, de la confrontation et non de l'affrontement, de la considération.

Ta famille apporte en général les outils et l'accompagnement nécessaire pour entrer dans le monde des interactions et des échanges. Elle est de loin l'endroit idéal pour apprendre à te connaître : tu découvres tes limites, tu exerces ta patience, ta confiance, tu apprends à construire des ponts de communications vers les autres, tu approfondis qui tu es,... Même si parfois elle est un lieu d'incohérences, c'est l'espace idéal pour se faire, se construire !

Tout au long de ta vie, ta famille changera peu à peu de profil : les enfants grandissent, les parents vieillissent, les métiers, les mariages, les naissances, les décès. Cette famille te donnera des rendez-vous dans la vie que tu façonnes et qui te façonnent.

Comment grandir ?

Chapitre 3

La confiance en soi

La confiance en soi est quelque chose que tu développes tout le long de ta vie. Tout commence là où tu nais, là où tu grandis pour se poursuivre là où tu choisiras de vivre. C'est dans le cadre de ta famille que tu vas apprendre à avoir un regard positif sur toi-même : tu as de la valeur, tu n'es pas une monnaie qui peut se dévaluer, même si tu n'as pas toujours raison ce que tu as à dire vaut la peine d'être entendu !

La confiance en soi prend racine dans le rapport, la relation à l'autre, le rapport aux autres : elle s'expérimente, se pratique là où tu vis, là où tu grandis. Tu reçois sur toi certains regards tour à tour : condescendants, méprisants, valorisants, bienveillants. Il y a aussi tous ces gestes envers toi : on t'embrasse, on te frappe, on t'accueille, on te rejette. Sans oublier les paroles parfois dures, parfois tendre, dénigrantes ou bienveillantes, indifférentes ou ouvertes. Toutes ces manières de s'adresser à toi se répercutent inévitablement sur tes prises de paroles, tes actes, sur ta manière d'être, tes regards.

La confiance en soi s'exprime par ta capacité à intégrer le surprenant dans ta vie ou à le rejeter.

L'éducation n'a pas pour but de te protéger de l'échec ni de la douleur, ni même de te faire croire que tu es la ou le meilleur et l'être le plus merveilleux. Elle te prépare à la vie, elle te donne des outils pour te réaliser à l'intérieur et à l'extérieur de la famille.

Les parents, les tuteurs ont pour mission de te donner un cadre bienveillant dans lequel tu t'essaies à dire, tu t'essaies à faire, tu t'essaies à être !

La confiance en soi est au final le pouvoir de filtrer ce qui t'aide à avancer de ce qui te ralentit et bien sûr choisir la voie qui te fera du bien ! Elle renforce une idée de toi, te rassure sur une certaine capacité à affronter diverses situations.

La confiance en soi est comme le bouclier qui protège contre les flèches empoisonnées des autres. Ces flèches sont empoisonnées car elles ont le pouvoir d'éteindre la flamme qui est en toi.

Ces flèches ont pour but de t'emmener à l'échec, à l'effondrement.

Voici quelques flèches empoisonnées :

- Je te déstabilise : « es-tu vraiment à la hauteur ? ... ».

- Je t'abîme : « si j'étais toi ... ».

- Je te démolis : « je te croyais plus intelligent que ça... ».

- Je t'anéantis- « tu es un incapable... ».

Tenir le bouclier de la confiance en soi est un message à l'autre et permet de mettre en place des contre-attaques telles que :

- « Je n'ai pas peur » : tu peux regarder l'autre dans les yeux car même s'il t'impressionne tu vas évaluer la situation.

- « Je me battrai » : il y a des combats qui en valent la peine et renoncer c'est souvent laisser à l'autre ce qui te revient, ce qui t'appartient.

- « Je ferai face aux difficultés » : certaines choses sont inévitables, il est nécessaire d'y être affronté car les fuir ne fait que repousser le problème voire l'empirer. Sois courageux.

- « Je trouverai des solutions » : si la solution n'est pas évidente tu as la possibilité de chercher de l'aide, d'y réfléchir avec des personnes compétentes parce que tu sais que tu ne peux pas tout savoir !

- « Je sais que j'ai des qualités » : tu as des compétences, des facilités.

- « Je résiste à la manipulation » : tu te fies à ce que tu ressens, tu fais la différence entre la flatterie et un vrai compliment, ...

- « Mes rêves peuvent se réaliser » : te rêver, te projeter pour planter aujourd'hui une graine que tu arroses régulièrement et qui grandira.

- « J'ai des compétences » : j'ai des savoir-faire dans le relationnel, dans les prises de décisions, dans l'accueil, dans l'organisation, ...

La bienveillance est une disposition envers l'autre de compréhension et de douceur. Aussi tout au long de ta vie il te faut repérer ces personnes bienveillantes qui ne seront pas dans les jugements constants mais qui consolideront cette confiance en toi et développeront une énergie positive.

Avoir confiance en soi c'est ressentir ces sentiments profonds :

- Etre pris en compte.

- Etre utile.

- Etre estimé.

- Etre aimé.

La confiance en soi est donc une aventure avec soi-même, une aventure dont tu es le héros. Le héros n'est pas invincible mais flexible ; il avance vers l'inconnu pour vivre l'aventure des rencontres, affronter des problèmes et y apporter des solutions.

- C'est le sentiment que tu as lorsque tu réalises quelque chose, quand tu peux être efficace.

- Réussir de petites tâches pour avoir la petite confiance de savoir qu'on est capable de faire quelque chose pour éventuellement faire des choses plus grandes.

- Tu peux te détacher du passé, d'une certaine fatalité. Ton aventure te plonge dans un présent que tu t'appropries, que tu construis.

La confiance en soi est l'ancre pour écrire sa propre histoire. Parce que tu as foi en toi en tes capacités physiques, mentales, intellectuelles et émotionnelles, tu prends en main ton destin. L'échec ne devient qu'une expérience qui n'a pas réussie et qui demande à être renouvelée afin d'aboutir à un résultat positif et satisfaisant. Grandir prend du temps !

La confiance en soi permet de donner un sens à ta vie. La prise de conscience que tu es unique te donne entièrement accès à ton libre arbitre. La possibilité de développer tes talents et compétences devient une force pour t'engager pleinement sur le chemin de la réalisation personnelle, d'une trajectoire unique.

Pour résumer, la confiance soi, en deux mots, c'est développer :

- L'estime de soi : est l'assurance que tu as pour partager ce que tu penses, pour prendre la parole et pour te mettre en action. Tu crois avoir des qualités, des compétences, des capacités et des talents : ainsi tu peux te mettre en relation avec les autres

- La Connaissance de soi : c'est l'invitation à une introspection, à te regarder toi-même. Prendre conscience de ton fonctionnement, comment tu te comportes pour être dans un apprentissage permanent. Plus tu te connais mieux tu te diriges : tu connais tes valeurs, tu entends tes désirs, tu prends conscience de tes forces et de tes faiblesses.

• L'affirmation de soi : est cette faculté à exprimer tes besoins, tes opinions et tes sentiments. C'est croire que tu as de la valeur et si l'autre n'est pas moins que toi il n'est pas plus que toi non plus ! Tu es capable de prendre soin de toi dans une relation tout en restant à ta place, tu ne te laisses pas marcher dessus.

Comment grandir ?

Chapitre 4

Les amis

Nous ne pouvons pas vivre seuls. Si ta famille suffit lorsque tu es enfant, elle ne suffit plus quand tu deviens adolescent puis adulte. Nous avons tous besoin de cet oxygène que sont les amis. Ils sont à l'extérieur du cercle restreint qu'est la famille et t'ouvrent sur d'autres fonctionnements, d'autres points de vue, d'autres pratiques, d'autres horizons.

Les amis sont là quand ça va mal mais aussi quand ça va bien. Parfois ils sont bons conseillers et parfois malheureusement donnent de très mauvais conseils !

Il est instructif de faire le point sur les gens qui interviennent dans ta vie car ils ont une influence sur toi, une influence plus ou moins grande, plus ou moins bonne ou plus ou moins néfaste, plus ou moins intelligente.

Pour faire le point quelques questions sont intéressantes :

- Combien de temps passes-tu avec tes amis ?

C'est une question de quantité avant d'être une question de qualité. Combien de temps écoulé avec tes amis, tes copains ? Tu parles de tout avec eux, avec elles et tu parles beaucoup : tu refais le monde, tu testes de nouvelles choses, tu parles de tes amours. Et avec les réseaux sociaux les amis peuvent être toujours là, de nuit comme de jour. Malheureusement tu peux parfois déplacer tes limites et malheureusement te mettre en danger.

Mais prends-tu assez de temps pour toi ; tes obligations, ton repos, ton sommeil, tes repas, tes réflexions, tes lectures ?

Prendre du temps pour toi, c'est prendre soin de soi, d'écouter tes propres désirs et non pas ceux de tes amis, de prendre le temps de nourrir tes propres passions.

- Quels rôles jouent-ils dans les décisions que tu as à prendre ?

C'est un privilège de pouvoir parler de ses problèmes à des interlocuteurs attentifs car tu peux mieux les peser, les démêler. Faire le tour de la question n'est pas une mince affaire. Comment être assuré que la solution finale est bonne pour toi et surtout est la tienne ? Est-ce que tes amis sont déjà capables de prendre des décisions pour leur propre vie ? T'ont-ils démontré qu'ils ont du plomb dans la tête ?

Certaines décisions peuvent avoir de lourdes conséquences, et parfois les amis ne sont pas les meilleurs conseillers car ils ne détiennent pas toujours les informations adéquates, pertinentes. Il est important de savoir si tu sais exercer ton propre discernement pour faire le tri de tout ce qui t'est proposé.

Avoir besoin des autres pour décider de ta vie peut vouloir dire que tu as tendance à dépendre d'eux.

C'est dans la mesure où les choix sont personnels que chacun peut assumer ses actes et ses paroles, sinon la tentation ou le réflexe est de se déresponsabiliser, faire porter le chapeau aux autres.

- As-tu des amis toxiques ?

Tu as un réseau d'amis, de pots, de connaissances, collègues et il est possible de reconnaître ceux qui malgré les apparences te font du mal.

Même si ce n'est pas volontaire certains se mêlent de tout, t'envahissent et finissent par t'étouffer. Mets en place des barrières pour te protéger : dis que tu dois y réfléchir…, prendre de la distance.

D'autres peuvent te manipuler et te faire aller là où tu ne serais jamais allé. Reste prudent et va chercher conseil auprès d'autres personnes.

Tu peux avoir affaire à des jaloux qui te détourneront d'une bonne décision : suis ton intuition. D'autres encore à force de critique te laisseront dans la confusion : prends du temps pour clarifier et classer les informations.

Ces personnes ne peuvent être qualifiées d'amies car à travers toi elles exercent un pouvoir et tu deviens un sujet de leurs royales personnes.

Ne rejette pas par principe les conseils de la famille ou des plus âgés, tu devras là aussi utiliser ton discernement, ton intelligence.

Comme tu évolues, tes relations aussi évoluent, il faut rester lucide sur ceux qui t'entourent et exercer ton discernement au sujet de tes amis : celui qui profite de ce que tu as et donne peu en retour, celui qui a toujours raison, celui qui est toujours centré sur ses problèmes, celui qui est exclusif comme si tu lui appartenais, celui qui te ment régulièrement, celui qui se croit supérieur à toi, celui qui ne peut garder des secrets, celui qui est trop occupé pour prendre du temps pour toi, celui qui te traite comme une roue de secours,...

Il est aussi important de savoir quel ami tu es toi-même pour être à la juste place dans ces relations proches.

Tu t'entoures de personnes avec lesquelles tu veux traverser des moments de ta vie et pourquoi pas tous les moments de ta vie. Simplement il est toujours important de te choisir dans toute relation. Te choisir c'est :

- Prendre le temps de développer ta créativité.

- Rester seul de temps en temps pour faire des bilans sur toi-même.

- Occuper des temps avec tes centres d'intérêts propres.

- Prendre le temps de résoudre tes problèmes relationnels.

- T'entourer d'amis pour t'enrichir de leurs différences.

- Ouvrir ton cœur à des confidents pour que ton cœur ne durcisse pas.

- Nourrir ta pensée avec de bons souvenirs.

- Parfois faire appel à une personne professionnelle qui t'aidera à regarder ce qui bouillonne en toi.

- Accepter que tes amis ne savent pas tout.

Une seule rencontre peut changer ta vie parfois de manière positive mais malheureusement aussi de manière négative. L'important est de décider de faire demi-tour si tu t'es trompé ou de prendre un autre chemin avant de trop s'écarter de soi-même, de ses valeurs. Il y des personnes qui sont des amis pour la vie et d'autres qui sont là comme des rendez-vous.

Chapitre 5

Face aux conflits

Les relations ne sont pas statiques, elles évoluent. Il suffit de constater que rien n'est simple lorsqu'il y a contacts, échanges, communications. Il faut prendre du temps parfois pour comprendre les autres. A travers les désaccords, les incompréhensions, la relation se développe aussi. Les conflits ou les mésententes sont le lot de bien des familles et des individus : à la maison, à l'école, au travail, dans le quartier, dans la sphère religieuse, avec des copains, et souvent dans des situations de tension et dans des moments de difficultés.

La manière dont tu gères les situations que tu rencontres disent quelque chose sur toi, sur les difficultés ou les facilités que tu as face aux désaccords, aux conflits, aux clashs. Parfois aussi elles disent tes fragilités, tes blessures qui se réactivent.

Le conflit contient la notion de compétitions et d'affrontements d'analyses et de points de vue différents.

Avec une certaine observation et avec le temps on finit par comprendre que les conflits se gèrent. Les désaccords, les mécontentements disent aussi quelque chose des rapports de forces et des places entre les personnes, quelque chose sur les notions de territoires de chacun, des peurs qui peuvent s'exprimer. Les conflits se gèrent car ils disent qu'il y a un problème et qu'il y a un désir de trouver des solutions, d'aller vers une détente de la tension.

De ton côté, tu peux toujours nier le conflit, dire qu'il n'y a rien à régler :

- Et jeter le blâme sur l'autre, te justifier.

- Prétendre agir pour le bien de...

- Jouer la carte de l'ignorance.

- Revenir toujours sur les mêmes choses.

Cependant assumer le conflit :

- C'est pouvoir dire à l'autre la blessure reçue ou ton désaccord sur telle ou telle chose.

• C'est aussi, en même temps, accepter de recevoir de lui un autre point de vue qui bouge tes idées et tes certitudes.

• C'est pouvoir entendre une blessure de l'autre.

• C'est accepter que tout n'est pas égal et identique. Certains actes, certaines paroles réparent, d'autres agressent et détruisent.

Interroge-toi sur tes façons de mener tes combats ou tes façons de baisser les bras, de capituler :

• Lorsque la peur est présente tu peux préférer baisser les bras : tu abandonnes par peur des conséquences, peur d'être rejeté, peur d'exprimer ta colère, peur d'être humilié, peur d'être agressé et de subir des éclats de voix, peur aussi de blesser, peur d'alourdir la relation.

• La plaisanterie peut être une pirouette qui te fait passer à autre chose : le problème est évité ou bien tu signifies que cela n'en vaut pas la peine.

• La séduction est tout simplement de la manipulation pour mettre l'autre dans sa poche et éviter de parler du problème. Malheureusement rien n'est réglé ! Cependant quelqu'un se sait utilisé, ce qui bien souvent engendre de la colère et de l'agressivité ou du renoncement.

• Jouer la victime porte aussi ses fruits. Les peurs, les plaintes, les supplications stoppent souvent le débat mais laisse là aussi le problème en l'état, rien n'est résolu.

• Minimiser ou exagérer le désaccord te met dans un rapport à l'autre asymétrique : un fort / un faible, celui qui sait / celui qui ne sait pas. C'est une manière de montrer qu'on est plus intelligent, plus cultivé.

• Choisir d'attaquer fort et donner des répliques et des réponses blessantes coupe court à toute envie de discuter. Mais c'est source d'humiliation.

• La résignation n'est pas l'acceptation : l'acceptation d'une situation est l'accueil d'une réalité, il est alors possible de t'investir, mettre en marche un processus pour solutionner ou affronter la difficulté. Mais la résignation est une manière de rester bloqué et de renoncer sans protester ; le conflit reste intérieur et te coupe parfois de tes émotions.

Heureusement il y a des outils pour aider à régler des désaccords et/ou des conflits :

• D'abord comprendre où se situe le problème : est-ce un problème de vocabulaire (les mots n'ont pas les mêmes définitions pour tous), une question d'opinion (ta vérité, ma vérité) une question d'idéologie (racisme, une notion de bien et de mal, ...), une injustice.

• Il est important de s'accorder sur les faits : il s'est passé ceci ou cela. J'ai dit ceci, toi cela...

• Il faut arriver à cerner les émotions qui sont en jeu : la frustration, un désir d'authenticité, la honte, la peur, l'inquiétude, l'agressivité, la colère...

• Utilise la « méthode Gordon » : évite de dire tu as fait, tu as dit... mais J'ai entendu, J'ai vu, JE comprends que, JE suis blessé... car trop de « tu » tuent, accusent l'autre. Cet emploi du JE repose sur l'ouverture à l'autre et l'authenticité de l'entendre.

• Quand tu veux parler d'un problème avec quelqu'un pose toi ces questions : où (est-ce le bon endroit)? quand (est-ce le bon moment) ?

quoi (est-ce que le sujet est clair pour toi-même) ? comment (quelle entrée en matière) ?

• Maintenant, tout ne se règle pas en une fois et il faut savoir mettre fin aux discussions pour proposer d'y revenir plus tard.

• La solution « gagnant – gagnant » ou « win – win » en anglais : la solution est intéressante pour toi et pour l'autre car tout le monde y trouve son compte. Elle met les bases pour aller, peut-être, plus loin car il n'y a pas eu de perdant donc pas de blessure !

Un monde où régneraient l'harmonie et la coopération parfaites n'existe pas. Ce monde-là induirait que tous sauraient gérer les désaccords et que les solutions seraient évidentes et accessibles à tous. Il y a régulièrement des sorties de films sur grand écran qui s'élèvent contre la pensée unique. Le message y est à chaque fois très clair : on peut aimer les personnes et ne pas être d'accord avec ce qu'elles disent et font. La guerre arrive parce qu'il y a impossibilité de réellement communiquer et de débattre pour trouver des solutions bénéfiques pour les deux parties. Cette guerre-là peut ne pas s'inviter dans les familles, dans tes relations car il s'agit d'individus et non de nations. Une parole bienveillante peut apporter un changement, une ouverture, de l'espoir.

Le défi n'est peut-être pas là où tu le penses, c'est avant tout chercher des solutions plutôt que de s'affronter.

Le défi est plus précisément dans :

« Comment dans la gestion des conflits montrer à l'autre que je tiens à lui et que je le respecte, voire que je l'aime ? »

Comment grandir ?

Chapitre 6

Effet papillon

L'effet papillon est une question sérieuse et scientifique : certains savants[2] vont jusqu'à affirmer que le battement d'ailes d'un papillon qui met de l'air en mouvement là où il vit peut être à l'origine de tempêtes de vent à des milliers de kilomètres de lui.

Un oui ou un non peut être comparable à cet effet papillon et avoir ainsi des conséquences, des impacts imprévus, certains catastrophiques, d'autres extra-ordinaires.

Les croyances, les convictions qui souvent sont héritées de ton environnement, sont les moteurs de tes choix. Comme les ailes d'un papillon, tes croyances, et donc les actes que tu poses, peuvent produire plus tard des effets désastreux dans ta

[2] http://www.ledevoir.com/societe/science-et-technologie/163398/theorie-du-chaos-l-effet-papillon-passionne-les-mathematiciens

manière de vivre ta vie. Elles seront à l'origine de ton désir de réussir, de te battre, de baisser les bras, de fuir...

Dire oui ou non à un moment donné dans ton parcours peut te faire aller dans une direction plutôt que dans une autre.

Etre là plutôt qu'ici peut te mettre sur un chemin sans issue ou au contraire te proposer un grand nombre d'opportunités, de possibilités.

Voici quelques croyances qui déclenchent des tsunamis :

* Si tu crois que la vie est un tirage au sort, une loterie, ta vie deviendra une suite de numéros : parfois tu perds, parfois tu gagnes et pas de chance si tu tombes sur les mauvais numéros : mauvais parents, mauvais quartier, mauvais prof, mauvais métier, etc... tu subis ... et la vie continue ainsi parce que ce n'est pas de chance ! L'adulte que tu seras sera assez fataliste.

* Si tu crois ne pas mériter les bonnes choses qui t'arrivent, tu mets en place une sorte d'angoisse du lendemain car tu crois que le bonheur d'aujourd'hui tu le paieras cher plus tard ! Jusqu'au jour où tu auras du

mal à apprécier les heureux événements par peur d'un prix à payer. L'adulte que tu seras aura malheureusement tendance au renoncement.

• Si tu as une mauvaise estime de toi, tu crois que tu n'es pas intéressant, que tu ne vaux rien, tu n'iras pas vers l'autre par peur d'être ignoré, rejeté. Tu te fermeras des portes avant même de t'en être approchées, avant même d'avoir frappé. Ta vie sera faite de second choix car tu ne prendras pas le risque du refus, du rejet. L'adulte que tu seras vivra dans la rumination et l'amertume.

• Si tu te crois incapable de faire le bon choix, les autres choisiront à ta place et ce ne sera pas ta vie que tu vivras mais une série de choix venus d'ailleurs. Tu pourras alors toujours rejeter la faute sur les autres : « c'n'est pas de ma faute ! ». Est-ce qu'un adulte peut naître d'un sentiment d'impuissance sur sa vie ?

• Si tu crois que c'est la force qui fait avancer les choses, tu avanceras sans beaucoup de considération pour les autres et tu feras des passages en force sans tenir compte de l'état de l'autre. Cet adulte sera une personne intolérante et impatiente.

• Les « tu es bête ! », les « tu n'y arriveras jamais », les « c'est pour les garçons ! C'est pour les filles », etc... lorsqu'ils sont redits des centaines de fois impriment un disque personnel et chantent une musique malgré soi. L'adulte en devenir n'est alors pas le héros de sa propre histoire, il joue le figurant de sa propre vie sous les regards des autres.

Les croyances sont comme des programmes dans ta tête, comme un moteur de recherche qui n'offre qu'une catégorie de site. Mais comme telles elles peuvent aussi être reprogrammées tout au long de ta vie. Tout n'est pas écrit à l'avance, pas de prédestination mais certaines choses sont prédéterminées et donnent une certaine direction à ta vie ; tu ne peux changer tes origines, tes parents, ta famille. Tout le reste est possible ! Est-ce que tu le sais et veux-tu bien le croire ?

• Laisse-toi interpeler lorsque d'autres sont surpris des limites que tu te donnes.

• Essaie ou réfléchis avant de dire que tu ne peux pas.

• Analyse pourquoi tu ne peux pas faire ceci ou cela car bien souvent c'est une croyance et non des faits objectifs.

Certains regardent leur vie comme des arrêts sur image et ne relient pas ce qui leur arrive à un tout, à une histoire plus globale, à leur trajectoire. D'autres au contraire voient leur vie en mouvement où chaque chose qu'ils font ou disent impacte leurs aventures personnelles, et par conséquent ils peuvent soupeser les étapes de leur vie : le choix d'une copine ou d'un copain, le choix de quitter un certain confort, la décision de démissionner pour être en accord avec ses valeurs, le renoncement à la facilité pour avoir mieux demain...

Pour se mettre en mouvement il ne suffit pas seulement d'écouter, entendre ou observer, il faut faire quelque chose pour que quelque chose se passe, c'est ce qu'on appelle l'expérience personnelle, c'est elle qui te permet d'évoluer.

Le changement est possible à tout âge, à toute époque de ta vie. Le changement est possible parce qu'il se construit toujours sur la base de ce qui existe. A l'inverse, toute mutation spontanée ou extraordinaire est de l'ordre du rêve, le rêve par exemple de devenir quelqu'un d'autre en un claquement de doigts.

Il y a de petits changements et il y a de grands changements. Personne ne mesure et ne sait au départ l'ampleur que peut prendre une décision, une parole, une action prise à l'instant « T ».

Pouvoir dire oui ou non s'appelle le libre arbitre : faire ou ne pas faire ? Comme l'effet papillon ce pouvoir a un réel impact dans ta vie. Telle une tempête qui se prépare, le mouvement qui n'était au départ à peine visible se transforme pour devenir quelque chose de puissant comme un petit clic peut devenir un grand choc. C'est l'action de l'homme qui crée le mouvement et c'est avec du recul que sont déduites les lois. Elles expliquent le mouvement comme toi tu peux expliquer comment tu es arrivé ici, dans ta vie !

L'effet papillon est l'occasion de faire un bilan :

Une image qui dit que ce qui se passe aujourd'hui aura des effets plus tard dans la vie. Un oui peut avoir des effets incroyables. Un non peut avoir de belles conséquences. Une étape prépare la suivante. Un souvenir qui traverse les années est porteur d'émotion : il peut être analysé, visité et parfois réinterprété !

Quels sont les événements qui ont encore une marque dans ton esprit ? Quelles sont les paroles qui résonnent encore dans ta tête ? Quelles sont les décisions qui t'ont placé là où tu es aujourd'hui ? Quelles sont les bonnes rencontres qui ont changé quelque chose ? Ces quelques interrogations sont une invitation à prendre du temps pour soi !

Comment grandir ?

Chapitre 7

La convoitise ou être déporté

L'enjeu de l'adolescence est la construction de ton identité, de ta particularité ou de tes particularités. Tu as compris, depuis un certain temps, que ni ton père, ni ta mère ou d'autres ne sont parfaits. Ces figures de ton enfance ne sont plus tes seules références, en principe. Mais si tes proches ne sont plus aujourd'hui tes modèles d'identifications il y en a d'autres autour de toi. Dans ton quartier, sur les lieux de tes activités, et sur les réseaux sociaux : tu as l'embarras du choix.

Toutes ces possibilités de choix sont une réelle source d'inspiration, mais malheureusement, elles peuvent aussi te détourner de ce qui fait ton individualité, ton originalité. Tu te projettes à travers une personnalité que tu aimes ; tu veux peut-être t'habiller comme elle, acheter tout ce qui parle d'elle, essayer de l'imiter en parlant comme elle, en agissant comme elle. Bref ressembler à cette personnalité c'est exister comme elle...

Toute cette énergie que tu prends pour ressembler à l'être que tu voudrais être, à la personne que tu admires, toute cette énergie n'est pas utilisée pour toi, pour découvrir tes qualités, tes talents. La star du moment peut parfois te mettre sur un chemin, mais est-ce ton propre chemin ?

Tout au long de ton enfance on te demande : « tu feras quoi quand tu seras grand ? ». Cette question reviendra sans cesse jusqu'à ce que tu sois « grand » ; et après cela peut se transformer en : « tu feras quoi de ta vie ? ». Qui être ? Quoi faire ? sont des questions que te renvoient tes proches. L'enjeu est réel pour ta vie car tu es quelqu'un et tu feras quelque chose pour subvenir à ton existence et peut-être à l'existence des personnes qui vivront avec toi, et pour t'épanouir. L'enjeu est de savoir qui tu es profondément pour être le héros de ta vie.

A l'adolescence, tu cherches d'autres figures d'identification que celles de tes parents et tu te tournes vers d'autres éléments identitaires. Plus tard, tu deviens plus nostalgique et moins fan. Mais tu peux être arrêté dans ce processus et rester à l'état de figurant dans ta propre vie et aussi dans celle de certains. Il faut, parfois, bien du temps, certains iront jusqu'à dire bien du talent pour s'apprendre, se connaître, savoir qui on est.

Qu'est-ce qu'implique concrètement cette as-piration à s'identifier à un autre, à le prendre comme modèle ?

- S'attacher à la vie d'un autre dit quelque chose d'une insatisfaction dans ta propre vie comme si rester spectateur t'évitait de jouer un rôle important, de prendre certaines décisions.

- C'est une perte de temps : avec ce processus tu te déportes de ton identité, car tu passes ton temps à vouloir être quelqu'un d'autre que toi, ce qui engendre un sentiment d'échec.

- Tu te construis par rapport à l'autre et non par rapport à ton projet personnel car tu es fasciné voire hypnotisé par une lumière. Tel un insecte tu oublies de voler dans tout l'es-pace pour te cogner inlassablement à la même ampoule.

- Tu t'avances vers des marchands de rêve car tout se construit sur une illusion de toi, un désir d'être quelqu'un d'autre.

- Il y a omniprésence de l'autre dans ta vie et peu de place pour prendre ton envol : en te comparant constamment tu ne crois pas en toi.

- Tu te crées de faux besoins.

- Parce que tu réduis la distance à l'autre, tu te perds dans une trajectoire de vie qui n'est pas la tienne.

Il est temps de prendre soin de toi au travers d'une vie qui ne peut être que la tienne et arrêter de convoiter, désirer la vie des uns et des autres.

- La quête de soi est un chemin long toujours surprenant : il consiste à se façonner, à préparer sa manière unique d'être dans la vie.

- Parfois ta vie est dans la continuité des rêves de tes parents. Tu ne suis pas une destinée personnelle mais tu t'es approprié le désir d'être et de faire ce qu'on attend de toi, ce qui est prévu.

- Ton histoire fait de toi un être unique qui peut trouver le courage de faire face à la frustration, et qui peut mettre en place des limites pour construire un chemin solide, une identité forte.

- En décidant d'être toi, tu mets fin à une certaine fragilité car l'autre n'est plus ta mesure, ta référence.

- Tu n'es plus enfermé dans un résultat, une comparaison, mais tu apprends à te développer à être en mouvement pour aller dans une certaine direction voire une direction certaine.

Les personnes que tu rencontres, les stars, les êtres que tu admires, celles qui t'attirent comme un papillon éveillent en toi des manières de faire, de te conduire dans ta vie. Le plus important sera alors que tu restes disponible à toi-même car vivre vraiment c'est vivre une aventure unique :

* Tu as des talents, les connais-tu ?

* Fréquente des personnes que tu estimes pour qu'elles renforcent une image positive de toi.

* Reste honnête avec toi-même.

* N'oublie pas que lorsque tu vois une star, une personnalité, tu ne vois pas tout le travail qu'elle a dû fournir pour être ce qu'elle est, ou pour rester là où elle veut être.

* Etre toi c'est être connecté à tes propres goûts, tes propres envies, tes propres besoins.

Tu ne peux vivre sans appartenance, ni sans lien, mais c'est à toi de vivre cette interdépendance comme un enrichissement. Ton épanouissement dépend de cette autonomie que tu peux mettre en place et ton aptitude à être auteur et responsable de tes choix. Mais c'est à toi de vivre tes relations comme des bienfaits. Ton épanouissement dépend de cette indépendance que tu peux mettre en place et ta capacité à être auteur de ta vie.

Chapitre 8

La fusion ou être mélangé

Les relations humaines ne sont jamais simples et peuvent se décliner en aussi grand nombre que de personnes autour de toi. Le terme de relation fusionnelle est bien connu parce que beaucoup l'emploient pour parler de relations amoureuses. Il fait souvent rêver mais malheureusement les relations fusionnelles décrivent une réalité moins réjouissante, par exemple, la dépendance affective (l'autre est responsable de ton bonheur) ou la codépendance affective (tu te sens responsable du bonheur de l'autre).

Aussi surprenant que cela te paraisse la fusion est une relation dysfonctionnelle, une relation malade. Le couple fusionnel n'est pas un idéal à atteindre, même s'il est et reste une première étape importante dans l'attachement à l'autre. Etre fusionnel c'est être mélangé à l'autre : chacun apportant ses spécificités pour produire non pas une mosaïque mais une dilution de l'un et de l'autre.

La fusion donne le sentiment de ne faire qu'un. La fusion pose la question de ton identité : est-ce que ton identité se dilue, se délaie ? Est-ce que ton identité est masquée par le concept « couple » ? Dois-tu renoncer à quelque chose de toi ? Il est important de te poser cette question fondamentale : peut-on être un quand on est deux ? Est-ce qu'il y a quelque chose qui disparaît quand on est deux ? Est-ce que quelqu'un peut disparaître ? Cette question est la même que tu peux te poser lorsqu'un parent est fusionnel avec son enfant : que se passe-t-il dans ces rapports ? Que se passe-t-il entre deux amis fusionnels ?

Quand on parle de fusionnel on dit notre impossibilité à donner des limites entre les deux parties, à les dissocier, les distinguer ! Où s'arrête l'influence de l'un et où commence celle de l'autre ?

La fusion peut se définir par un mélange d'identité jusqu'à devenir une perte d'identité. La relation fusionnelle engloutit une personne car quelqu'un fond, coule pour se diluer dans un contenant qui n'est pas lui.

La relation fusionnelle :

* Est comme une perte d'identité car tu n'as plus les repères qui marquent ta singularité, ta spécificité.

* Consiste à croire que si on s'aime on a besoin de l'autre constamment, pour tous les aspects de sa vie.

* Le 'nous' prend la place du 'je'. Il y a quelque chose en toi qui n'existe plus ou qui ne s'exprime plus. A chaque fois tu dois dire « nous ».

* L'un croit qu'il peut combler ce qui manque chez l'autre, qu'il est le tout dans lequel tout ira mieux : il a toute puissance sur l'autre.

* S'il y a un problème, l'autre est, ou a la solution car tes ressources personnelles ne sont pas suffisantes.

* Petit à petit ou rapidement la relation devient exclusive, et les autres disparaissent car la paire, le couple se suffit à lui-même.

* Quand l'autre n'est pas là, il manque cruellement car tu ne te sens pas entier.

- Parce que le « nous » est plus important que le « je », tu es capable de te sacrifier.

La relation fusionnelle est dangereuse parce que :

- La relation devient ce qu'il faut avant tout préserver, sauver à n'importe quel prix : quand tu es enfant tu retiens ton parent par tous les moyens (les caprices, les mots d'amour,...), et l'adulte retient l'enfant par le chantage affectif (je suis triste), la culpabilité (après tout ce que j'ai fait pour toi), la peur (être abandonné). Les séparations sont douloureuses voire intolérables.

- Le couple fusionnel se nourrit de lui-même et il se suffit aussi à lui-même. Il écarte les amis, la famille.

- La paire fusionnelle parent-enfant, ou autre, devient une relation exclusive et les frères et sœurs s'en sentent exclus ainsi que l'autre parent.

- Dans cette relation on veut garder l'autre rien que pour soi. On ne veut pas qu'il parte, qu'il devienne autonome, si l'autre devient trop lui, trop elle, la distance commence à s'installer et le conflit devient alors le signe d'une trahison, d'un abandon.

Prendre soin de soi :

• Tu t'accomplis en prenant soin de toi... avec l'autre, en compagnie de l'autre.

• Prendre soin de toi c'est ne pas s'écarter de toi, de ta trajectoire personnelle. Prendre soin de toi c'est répondre à tes propres besoins.

• L'aventure de la vie n'est en aucune manière une réduction de ton expression, de ton épanouissement en te mettant au service d'un idéal du nous.

• Tu es unique, et grandir c'est l'art de rester unique dans l'interaction avec d'autres, tout en enrichissant tes capacités à t'investir avec l'autre.

Lorsque que tu rencontres une personne et que tu veux la séduire, tu la rejoins sur son terrain et tu fais tout pour lui faire plaisir et cette personne fait, elle aussi de même. Il y a un temps de fusion, un temps unique où chacun s'oublie pour rejoindre l'autre. Mais ce n'est qu'une étape car si l'aventure continue elle ne peut avancer que si chacun nourrit maintenant une relation qui se consolide et se réajuste l'un avec l'autre.

Lis Le petit Prince de Saint Exupéry : sa rose est comme toutes les roses mais parce qu'il l'aime il découvre qu'elle est unique au monde et qu'il doit en prendre soin.

Chapitre 9

L'emprise ou être écrasé

Te construire demande du temps, grandir nécessite de savoir nourrir ton cœur, exercer ton discernement, apprendre. Malheureusement tu peux à tout moment te faire piéger par une personne toxique c'est-à-dire nuisible, menaçante pour ton épanouissement. Une personne toxique comme son nom l'indique est une personne qui a le pouvoir de te nuire, de te détruire. L'emprise est une relation écrasante, destructrice : de deux personnes l'une est écrasée, aplatie.

Oh bien sûr cela ne se fait pas du jour au lendemain ! La personne qui a le pouvoir prend du temps pour arriver à ses fins, pour au final imposer beaucoup. Si c'est un parent qui a de l'emprise, du pouvoir sur son enfant, l'affaire est facile car l'enfant est vulnérable et influençable. L'enfant n'ayant aucune autre référence que sa famille et vivant dans un système fermé (une maison, un appartement). Il est facile de lui faire haïr l'autre parent, de le manipuler pour qu'il fasse ce que l'adulte veut, qu'il aille où l'adulte veut. Il est important de faire le point sur les relations que tu as avec tes parents. Est-ce qu'ils te préparent, ou t'ont préparé à quitter la maison dans de bonnes conditions psychologiques et affectives ? t'ont-ils instrumentalisé ?

S'approcher de l'autre demande au départ de la séduction pour l'attirer dans sa lumière. On met en valeur le côté lumineux de sa personnalité. Ainsi toute relation commence par un peu d'émerveillement mais tout peut aussi basculer : après de bons moments de complicité tu peux tout à coup te retrouver piégé dans une relation compliquée, une relation qui t'emmène là où tu ne veux pas : tu découvres que tu es avec une personne redoutable, un manipulateur.

Tout commence donc par une séduction... manipulatrice : transformer l'autre et le soumettre. Avoir de l'emprise sur quelqu'un c'est pour l'emmener où l'on veut, le contraindre à faire des choses qu'il ne ferait pas en temps normal !

- Petit à petit tu modifies ton comportement, toi tu ne le remarques pas tout de suite mais ceux qui te connaissent y sont sensibles.

• Petit à petit tu as l'impression d'une perte de contrôle sur ta propre vie.

• Tu ne vis pas comme tu aurais aimé vivre : car manipuler l'autre c'est arriver à imposer sa manière de vivre, de penser, ses directives, ses projets.

• Petit à petit, le manipulateur agit comme s'il savait ce que tu devais devenir, le chemin que tu dois prendre. Il a le contrôle de ta vie.

• Etre aplati est bien une relation asymétrique : l'un en bas, l'autre en haut. L'un dominant avec une toute puissance, l'autre dominé habité par la peur, une peur qui s'installe.

• Cette manipulation trouve son rythme quotidien avec une personne qui a tout pouvoir et l'autre qui perd sa liberté d'agir, de penser, et tout doucement quitte un chemin personnel.

L'arme préférée du manipulateur est l'accusation. Elle nourrit sa puissance. En culpabilisant on enlève la confiance en soi, on bouge les repères, on déstabilise, on insécurise, on dévalorise, et on finit par disqualifier les besoins, les sentiments et les valeurs de l'autre.

Le 'tu' de la culpabilisation 'tue' comme les 'tu es nul, tu ne comprends rien, tu me fais honte'... Une victime est née et le sacrifice est quotidien.

Si tu es dans cette situation d'emprise, ou si tu connais une personne dans cette tourmente, la route ne sera pas facile. Comment prendre de la distance alors que l'autre piétine tes limites, t'infantilise ? Peut-être as-tu affaire avec un pervers narcissique, une personne malade psychiquement et qui ne ressent ni compassion, ni culpabilité ?

Pour prendre soin de soi...

- Te choisir n'est pas être égoïste. Te choisir, c'est prendre soin de toi et te pencher sur tes propres besoins, sur tes affects (sentiments, émotions).

- Te choisir, c'est retrouver ton identité pour cultiver tes goûts, ta couleur, ton parfum, ton gâteau ... préféré !

- Te choisir, c'est accorder de la valeur à ce que tu ressens, à ce que tu penses, à tes propres expériences.

- Te choisir, c'est développer tes qualités pour enrichir les relations, les échanges, donner ton avis, partager ton expérience ...

• Echapper à l'emprise commence par une réflexion personnelle pour arriver à se mettre en route et se diriger vers l'autonomie financière, l'autonomie de pensée, la possibilité de s'exprimer.

• Pour se dégager de ces chaînes il est important que tu renforces l'estime de toi en prenant des initiatives dans un environnement bienveillant, où là, tu pourras oser être toi. Pour sortir de cette enfermement, recherche des espaces où l'autre n'est pas, pour oser être toi.

Prendre conscience de ses besoins, de ses attentes et de ses aspirations :

• Le besoin ne peut être remplacé par autre chose que la chose dont tu as besoin, c'est une nécessité car il y a carence. Les besoins sont nombreux : certains sont physiologiques (manger, boire, dormir, ...) d'autres psychologiques et relationnels (de sécurité, de reconnaissance, d'écoute, d'amour, d'appartenance, ...).

• Les attentes sont en relation avec tes besoins. Tu attends que quelqu'un prenne en charge tes besoins alors que tu pourrais régler la question en te prenant en charge ! Les attentes portent en elles beaucoup de frustrations d'une part, tu ne sais pas toujours quel est réellement ton besoin, et d'autre part l'autre y répond rarement comme tu le voudrais.

* Les aspirations sont des buts vers lesquels tu voudrais te diriger. Les aspirations te permettent de progresser, d'aller d'étape en étape tout en allant dans une direction certaine. C'est une très belle force qui peut déclencher l'action.

L'emprise est une spirale qui t'emmène dans le cercle infernal des idées noires et de la tristesse. Le manque de confiance y devient palpable. Pour rentrer dans un cercle vertueux, rapproche-toi de personnes qui posent sur toi un regard bienveillant, n'hésite pas à prendre avec elles quelques précieuses minutes pour partager des paroles chaleureuses.

Le plus radical serait bien sûr de partir pour enfin sortir de cette situation mortifère c'est-à-dire qui mène à la mort de ton identité. Tu dois demander de l'aide ! Mais souvent les personnes sous l'emprise de quelqu'un se retrouvent très isolées, car les amis ainsi que la famille ont été repoussés. Regarde autour de toi si quelqu'un peut entendre ton SOS car tu es en danger psychologique, mental et souvent physique.

Comment grandir ?

Chapitre 10

La sexualité

Parler dc la sexualité c'est parler d'un sujet vaste. Bien souvent quand tu entends parler de sexualité tu penses directement à l'acte sexuel, mais ici il s'agit de te rendre sensible à la notion de sexualité. Tu es un être sexué : « Qui possède l'un des deux sexes et ne peut se reproduire sans le concours de l'autre sexe. Se dit d'une différence de comportement entre individus mâle et femelle d'une même espèce en dehors des conduites sexuelles » (définition du dictionnaire Larousse)[3].

Voici quelques définitions générales :

1. Sexualité primaire :

Il s'agit tout simplement ce qui permet de dire si le bébé est un garçon ou une fille ! On parle de sexe biologique, c'est une description des attributs mâles et des attributs femelles.

---

[3] www.larousse.fr/dictionnaires/francais/sexué_sexuée/ 72488

Pour les garçons, on parle de la verge, des testicules situés dans les bourses mais aussi de la prostate, des vésicules séminales qui sont à l'intérieur du corps.

Pour les filles, il s'agit d'abord des lèvres et du vagin qui sont les organes externes puis des ovaires, des trompes et de l'utérus.

Les caractères sexuels primaires sont les organes sexuels considérés comme essentiels à la reproduction.

Les caractères sexuels primaires sont présents dès la naissance d'un enfant. Ils permettent de déterminer le sexe biologique du nouveau-né.

2. Sexualité secondaire :

Les caractères sexuels secondaires ne participent pas directement à la reproduction. Ils ne sont pas présents à la naissance.

Ils se développent à la puberté. La puberté est l'étape où les organes sexuels deviennent fonctionnels, où le corps d'un enfant devient un corps d'adulte capable de se reproduire.

A cette capacité de reproduction se rajoutent d'autres caractéristiques :

Pour les filles : les seins se développent ainsi que la vulve, les poils apparaissent dans la zone sexuelle et aux aisselles. Avant les règles apparaissent les pertes blanches. Les règles deviennent régulières, les hanches s'élargissent, et les tissus adipeux (graisse) se développe et se répartissent particulièrement sur les fesses, les cuisses et les hanches.

Pour les garçons : les testicules grossissent, le pénis grandit, l'érection se met en place, la pilosité sexuelle apparait ainsi que celle du corps (torse, abdomen et visage), la voix mue, la pomme d'Adam se dessine. Avec la puberté s'accentue la différence anatomique entre homme et femme.

3. Sexualité tertiaire :

Ce sont les comportements liés aux sexes dans un certain environnement, une certaine culture.

Les lèvres pulpeuses, le maquillage, les talons, les cheveux longs, les robes et jupes sont plutôt attribués aux femmes alors que la force, les muscles, la carrure, les grandes tailles, la voix grave font référence en général aux hommes.

4. L'hétérosexualité :

Il s'agit d'une attirance et d'une sexualité entre personnes de sexe opposé.

5. L'homosexualité :

Il s'agit d'une attirance et d'une sexualité entre personnes du même sexe.

6. La bisexualité :

Il s'agit d'une attirance, d'une sexualité entre personnes de même sexe et de sexe opposé.

7. L'androgyne :

Ce mot est composé de deux noms : andros (relatif à l'homme) et gynè (relatif à la femme). Ce terme est employé pour désigner l'apparence de quelqu'un quand on ne sait pas si la personne est un homme ou bien une femme.

8. L'hermaphrodisme :

Médicalement il s'agit d'une anomalie du développement sexuel du fœtus. L'enfant à la naissance présente les signes des deux sexes. Actuellement un décret permet de simplifier le changement de sexe sur son état civil. Monsieur peut devenir madame et vice versa.

9. Le cisgenre

C'est lorsqu'un individu est en accord avec le sexe qu'il a à la naissance.

10. La transexualité

On parle d'une personne qui a subi une opération pour changer de sexe physiquement pour rejoindre son identité de genre.

11. La théorie du genre

Avec toutes les informations ci-dessus tu peux comprendre les débats dans nos sociétés à propos de l'identité sexuelle. Cette théorie veut aussi tenir compte des facteurs non biologiques qui rentrent dans la construction de l'individu, dans son genre ; comme par exemple son environnement social, culturel et cultuel. C'est un vaste débat, à toi de donner du sens à tout ça !

Malheureusement tu es dans une société qui vend du corps et qui donne du corps à travers différents supports (images, musiques). Le corps est comme détaché de la personnalité et on l'expose, il devient le lieu d'expériences diverses pour le ressentir, pour se l'approprier et cela parfois même au travers de certaines violences. Le corps est un tel enjeu qu'il est pour certains le seul lieu de l'épanouissement personnel. Mais, lié à cette exaltation du corps, au discours sur le corps idéal, existe le danger de ne pas se croire à la hauteur, à toutes les hauteurs : la sexualité, la beauté, la santé, la mode, les performances sportives, les écritures (scarifications, tatouages).

Ton identité n'est pas une juxtaposition d'éléments mais une harmonisation de tout ce qui te constitue : ton sexe, ta couleur de peau, la texture de tes cheveux, tes origines proches et lointaines, ton état de santé, tes capacités émotionnelles et intellectuelles, tes croyances.

Chapitre 11

Les émotions

L'émotion est innée, tu nais avec. Elle est une réponse automatique et immédiate de l'organisme à un stimulus. L'émotion signifie "hors de". Parce qu'elle est une faculté d'adaptation et de survie de ton organisme elle est en rapport étroit et permanent avec tes décisions et tes actions. L'émotion est aussi de l'ordre du ressenti, de l'ordre de l'expressif facial et vocal, et de l'ordre corporel, viscéral qui prépare à l'action, à l'attente ou au retrait.

Les émotions sont en toi, elles jouent un rôle clé dans les processus d'apprentissage. Elles agissent sur ta capacité de mémorisation, ta rétention d'information et sur ton attention. Tu retiens mieux les choses qui provoquent des émotions en toi. Elles sont au milieu d'une réalité et de l'interprétation de cette même réalité. Si tu es triste ou si tu es en colère l'interprétation de ce qui se passe n'est pas la même. Les émotions ont quelque chose d'unique car elles sont contagieuses ! Par exemple ta peur peut gagner ceux qui sont autour de toi !

Si tu as vu le dessin animé « Vice Versa », tu te rappelles que tu viens au monde avec cinq émotions : la peur, la joie, la colère, la tristesse et le dégoût. Cinq émotions qui t'équipent pour apprécier, appréhender, affronter le monde qui t'entoure.

La joie :

- Physiologiquement la joie stimule différentes hormones qui jouent un rôle important pour le plaisir (la dopamine), le bien être (la sérotonine), l'excitation (l'adrénaline) et l'attachement, le lien à l'autre (l'ocytocine).

- La joie montre que la vie est en toi, que le corps peut vibrer, peut s'ouvrir aux événements, aux personnes.

- La joie donne l'envie de... chanter, de sourire, d'embrasser...

- La joie exprime une détente profonde, tu baisses les armes pour un temps car tu mets de côté, pour quelques instants, ce qui est difficile dans ta vie.

- La joie c'est développer une attention, prendre le temps de voir, regarder, ressentir, toucher, écouter.

- La joie est l'émotion de la vitalité, de l'énergie.

- La joie c'est quelque chose qui fait du bien au cœur, qui le rend léger.

Mais ta joie peut être prise en otage. Alors qu'elle est là, tu entends que tu ne devrais pas te réjouir pour ceci ou pour cela. Peu à peu ce qui était source de joie peut devenir source de culpabilité et tu commences à t'éteindre.

La peur :

- La peur est déclenchée par la perception d'un danger. La peur est comme un signal d'alarme.

- L'évaluation du danger est toujours subjective. L'opération mentale qu'est la perception est constituée de quatre éléments : (1) des faits, (2) des émotions, (3) une production de l'imaginaire et (4) un jugement.

- La peur sert à nous préparer à affronter le danger, soit en le combattant, soit en fuyant ou en se cachant. C'est ici qu'intervient l'hormone de l'adrénaline.

- Une peur est ressentie aussi long-temps et aussi souvent qu'une « menace » correspondante est perçue. Elle peut donc t'habiter longtemps !

L'angoisse est définie par l'OMS (Organisation Mondiale de la Santé) : « sentiment d'un danger imminent indéterminé s'accompagnant d'un état de malaise, d'agitation, de désarroi voire d'anéantissement »[4]. L'angoisse a plusieurs degrés allant de la peur puis de la terreur et enfin à la panique ou crise de panique.

On appelle anxiété lorsque la peur remonte au passé. Lorsque la peur est liée à un événement du passé elle est alors dysfonctionnelle, parce que c'est un état chronique. La peur peut malheureusement accompagner bien des événements du passé.

La tristesse :

* La tristesse constitue une réaction normale et essentielle à l'intégration ou à l'acceptation d'une perte, à l'acceptation d'une séparation ou à l'acceptation d'une grave déception.

---

4 5ème congrès international HYPNOSE ET DOULEUR. La Rochelle. https://www.hypnoses.com/content/uploads/2014/07/LAURENT_Marie_Aurelie.pdf

- Elle te permet également de reconnaître ton attachement aux gens, aux situations, aux choses perdues.

- La tristesse est un instrument qui mesure tes manques affectifs : tu as été déçu, tu as été rejeté, tu as été ignoré, tu as été mal compris, tu n'as pas atteint tes objectifs, tu as perdu quelque chose d'important pour toi comme un être cher ou la confiance en toi.

- La tristesse est un besoin de nourriture affective. L'ampleur de la tristesse dépend directement de la valeur que tu accordes à l'objet. Ce n'est pas une douleur vive, elle est un signe d'impuissance et elle entame le capital-énergie.

- C'est normal et sain d'être triste de temps en temps, mais si tu es triste la plupart du temps il se peut que tu sois déprimé.

Mais une tristesse vécue sur une trop longue période peut devenir pathologique : elle t'épuise, elle diminue ta puissance d'agir.

Le dégoût

- Cette émotion est celle du rejet !

- Une de ses fonctions principales est alimentaire en te protégeant contre des aliments mauvais.

- C'est aussi une réaction pour se protéger de certaines idées toxiques, des objets répugnants et parfois des personnes dangereuses. L'expression « j'ai du mal à avaler ce que tu me dis » est une bonne illustration.

- Le dégoût peut être cette émotion qui te garde dans tes valeurs morales, tes normes sociales.

Le sentiment, contrairement à l'émotion qui est une manifestation réactionnelle et ponctuelle, est quelque chose de durable qui peut évoluer avec le temps, c'est un « Etat affectif complexe et durable lié à certaines émotions ou représentations[5] ». Le sentiment n'est pas envahissant comme peuvent l'être les émotions. Ce sont elles qui engendrent toutes sortes de sentiments : ainsi la peur peut engendrer le sentiment d'insécurité ; la colère le sentiment d'injustice ; la tristesse le sentiment d'abandon ; la joie le sentiment d'amour et le dégoût le sentiment de répugnance.

---

[5] http://www.larousse.fr/dictionnaires/francais/sentiment/72138

Parce que chaque personne se construit diffé-remment et développe une sensibilité différente, un même événement n'aura donc pas forcément des conséquences identiques sur chacun. C'est pour cela qu'il faut éviter les comparaisons ou se mettre à la place de l'autre.

Comment grandir ?

Chapitre 12

La colère

La colère fait partie des émotions de base. Comme toute émotion la colère réagit à un stimulus, une excitation, une situation précise. La peur provient d'un danger, la tristesse vient d'une situation ou une personne en difficulté, la joie est provoquée par une belle chose, un bel événement.... Parler des émotions revient à parler de la gestion des émotions.

Comment ne pas s'arrêter quand on voit certaines crises, certaines violences verbales et parfois physiques qu'elle provoque ? La colère est en lien avec la frustration, l'injustice, le rejet, l'humiliation, l'abandon et la trahison. Parce que tu es frustré d'avoir fait ceci ou cela ou pas, parce que tu es frustré d'avoir pu ou pas dire ceci ou cela, ça commence à bouillir et ça prend la forme de l'injustice.

Il y deux catégories de personnes en colère :

- Celles qui extériorisent : elles agressent l'autre, et souvent, malheureusement, finissent par amplifier, exagérer la voix, les mots et les gestes. L'autre peut être insulté et frappé.

- Celles qui contrôlent, qui intériorisent. A force de tout garder pour elles, elles finissent par se faire mal à elles-mêmes, certaines allant jusqu'à l'automutilation (ou scarification).

⇨ Au final dans les deux cas la colère te dirige et empoisonne ta vie... et celle des autres. Ta colère qui n'était qu'une réaction au départ est devenue un état. Un mal-être qui s'exprime par la violence et qui terrifie ; une rumination qui déforme les relations avec les autres.

Mais la colère est avant tout une sorte d'intimidation qui cherche à communiquer à l'autre une limite : arrête ce comportement, cette action , ou je vais passer à l'attaque ! Si l'autre ne fait pas marche arrière tu peux passer à la vitesse supérieure, c'est-à-dire au combat. Mais peux-tu utiliser des armes telles que l'humiliation, la raillerie, la stigmatisation, la violence ?

La colère te met face à une problématique :

- Si tu réprimes ta colère, tu te fais mal pour ne pas blesser l'autre.

- Si tu ne la réprime pas, tu fais du mal à l'autre pour te protéger.

D'un autre côté, être en colère c'est aussi ne pas renoncer à la justice ! la colère attend réparation. Mais parfois cette réparation ne viendra pas parce que c'était hier ou il y a bien longtemps. Tu as peut-être le sentiment d'avoir été abandonné par un parent, le sentiment d'avoir été mis à part, de n'avoir eu aucune valeur, d'avoir été rejeté... Ces circonstances passées et difficiles ont alimenté ta colère et au cours des années tu es devenu très sensible à certains regards, certains mots, certaines situations. Le plus souvent ta colère se trompe de cible, les vraies cibles sont dans ton passé.

- La colère détruit si elle n'est plus une réaction mais un état.

- La colère isole car tu deviens violence et souffrance. Ceux qui sont avec toi ne savent plus quoi dire, plus quoi faire.

- La colère détruit la paix intérieure : le cœur ressent de moins en moins de joie et d'amour.

- La colère peut se décliner en besoin de vengeance.

- La colère est un état intérieur qui peut te rendre insensible à l'autre.

- Tu auras tendance à justifier ta colère (tu penses que tout vient de l'autre !) et à ne pas en prendre la responsabilité.

Voici quelques sentiments qui contiennent de la colère :

- L'amertume : colère + révolte + tristesse.

- La honte et la culpabilité : colère + peur + tristesse.

- La haine : colère + hostilité.

- La rage : colère + sentiment d'impuissance.

- La révolte : colère + indignation.

Dans la vie de tous les jours, il n'est pas facile de régler ses problèmes de colère car beaucoup n'ont pas conscience que la colère est avant tout un état personnel en tension.

Il te faut de l'humilité pour accepter cette réalité que la colère est ton problème et non celui de l'autre. A partir de là tu peux rentrer dans ton monde intérieur pour trouver le bouton « off » afin de ne plus être dans la sur-ré-action.

- Parce qu'elle est une émotion la colère se règle dans le présent. Le maintenant est toujours opportun, convenable.

- La colère est l'outil pour dire ta frustration, ton sentiment d'injustice.

- La colère est un langage que tu dois apprendre à utiliser en laissant venir les pleurs voire les cris, car elle est une émotion qui a besoin de s'exprimer, mais aussi à contrôler par la respiration, par un effort physique ponctuel, par une parole contrôlée.

Pour la médecine chinoise le pardon est le « médicament » de la colère !

Pour les parents, la colère des enfants est un clignotant qui alerte : tant qu'il y a de la colère c'est qu'il y a toujours le lien. C'est la rupture, l'indifférence qui sont comme un non-retour au dialogue.

Y a-t-il une saine colère ? A la lecture de tout ce que tu sais sur la colère la réponse est oui si la

colère est de l'ordre de l'émotion et si elle enclenche un processus de justice, de réparation
dans le respect de soi et de l'autre.

Tu pourrais retenir cette définition car elle met
en avant le rôle important de cette émotion :

« La colère c'est dire que tu ne veux pas la rupture de la relation mais au contraire que tu dis
stop à un processus pour mettre quelque chose
d'autre en place ! »

Chapitre 13

L'école

L'école est le lieu où la construction de soi continue, et où l'orientation de soi devient importante pour pouvoir pousser la porte de l'indépendance.

L'école est le lieu de l'épreuve sociale :

- L'ado y vient avec toutes ses mémoires : mémoire de honte, d'échecs, de peurs, de mésestime de soi...

- Le défi est comment exister dans un lieu, dans un groupe, dans un regard mais aussi dans un système.

L'école est le lieu de l'apprentissage de la communication sociale :

- Un jeune vient avec les outils qu'il a chez lui : il y puise son vocabulaire, sa manière d'être en lien avec les autres, sa posture face à l'autorité.

- Il devra donc apprendre à se réajuster, à intégrer un groupe, à prendre une parole publique, à se conformer à des règles non négociables, à rationaliser des problématiques, à se décentrer pour entendre, voir et accepter l'autre.

- La norme sociale : remettre en jeu la norme est souvent une manière de s'affirmer et d'être reconnu par les copains. Les parents sont parfois responsables de cette attitude car ils remettent eux-mêmes en question la société dans laquelle ils sont.

L'école est le lieu des possibles :

- Dépasser sa routine, séduire, exercer du pouvoir, se faire respecter, exister d'une manière ou d'une autre, être différent voire unique, être remarqué, être instruit.

L'école est comme une boite où il y a tant de choses :

- Combats, exclusions, inégalités, sanctions, échecs, désorientations, orientations, difficultés, manque d'argent, discipline, apprentissages plus ou moins difficiles, errances, manque de motivation, hiérarchie, localisation, humiliations, méfiance, décrochage, ruptures, agressivité, étiquettes, atteintes à la dignité, insultes, bagarres, bouc émissaire, indifférences, alcool, produits illicites, intolérance religieuse, abandon, discrimination, discipline, compétitions, classements, … cela semble assez négatif !

• Mais c'est aussi : du relationnel, de l'amitié, de nouvelles connaissances, de l'interculturel, sortir de chez soi, découvrir ses limites, s'améliorer, aimer, étonner, s'étonner, développer la confiance en soi, l'apprentissage du respect.

• Ce temps de l'école est une période où le jeune prend conscience de la calendarité de son année scolaire, de la gestion du temps à travers les temps de scolarité, de déplacements, de révision des cours, des repas, des loisirs et du sommeil. Il est important d'apprendre à planifier ses obligations et ses priorités pour vivre pleinement les moments de détentes et de loisirs.

L'ado est coincé, est en un sandwich entre plusieurs forces :

• Celle de l'adulte, du parent à la maison qui a tout pouvoir sur sa vie.

• Celle de l'école où le groupe noie les individualités.

• Celle de son monde intérieur : ses pulsions ou forces intérieures. Ce monde est appelé le « ça » en psychanalyse : « C'est le pôle pulsionnel de la personnalité, la partie la plus chaotique et la plus obscure. C'est entièrement le domaine de l'instinctif, du biologique qui ne connaît ni règles de temps ou d'espace, ni interdits. Totalement inconscient, il est régi et dirigé par le seul principe de plaisir. De ce fait, les choses les plus contradictoires peuvent y exister et cohabiter »[6].

L'ado est coincé entre des mondes :

• Son âge biologique qui marque sa majorité : 18 ans.

• L'adulte qu'il n'est pas encore ce qui l'exclut alors du monde des aînés. Le défi est de se représenter le monde de l'autre pour le respecter et y pénétrer.

• L'enfant qu'il n'est plus.

---

[6] http://psychiatriinfirmiere.free.fr/definition/instances/ca.htm

Quel lieu ou quelle cardinalité l'école est-elle pour toi ? :

* Un lieu du combat.

* Un lieu d'humiliation et de honte.

* Un lieu d'obligations.

* Un lieu d'accès à la connaissance.

* Un lieu de relations.

* Un lieu de l'injustice, de l'inégalité des chances.

* Un lieu épanouissant pour une expression de soi.

* Un lieu de transition voire un tremplin.

* Un refuge pour fuir quelque chose.

En sachant ce que représente l'école pour le jeune il est alors possible d'observer comment il part de la maison et comment il revient. L'adulte, le parent peut alors changer de posture et accueillir une colère, une peur, …

Parfois certaines familles préféreront le déménagement pour protéger le jeune. Toutes n'ont pas la possibilité de partir mais la famille doit faire quelque chose pour que le jeune se sache entendu et soutenu. Etre reconnu et soutenu par sa propre famille renforce l'estime de soi et l'affirmation de soi qui permettent des audaces pour trouver des solutions à des situations difficiles.

Chapitre 14

Honte et culpabilité

Tout serait simple si le monde fonctionnait avec des relations bienveillantes et respectueuses. Tout serait simple si tu pouvais dire ta souffrance et être entendu. Malheureusement, bien des situations provoquent en toi parfois de la honte, parfois de la culpabilité.

Il arrive que certaines personnes se servent de l'une ou de l'autre comme moyen éducatif voire pédagogique pour te faire grandir ! Ce qui est une véritable et une terrible erreur : elles croient qu'à coups de honte et de culpabilité les choses vont plus vite, que la personne réagira enfin, qu'elle se mettra sur le chemin du changement.

L'humiliation qui produit la honte et la culpabilité est faite de ces petites phrases qui blessent :

- Tu ne sais pas ça à ton âge !

- Tu chantes faux.

- Tu es bête, tu es nul.

- Tu ne comprends jamais rien...

Croire qu'en disant publiquement que son enfant est gros, ou nul, ou mauvais pourrait et devrait déclencher en lui le changement tant attendu est reçu comme une terrible violence ! Cela ne marche pas comme ça ! Plus tu as honte et plus tu t'isoles !

La culpabilité et la honte sont très proches mais leur différence est importante !

La culpabilité :

- La culpabilité touche ce que tu fais et est de l'ordre de la transgression ; comme ne pas respecter tes propres barrières, tes valeurs, ou les engagements que tu as pris. « Je me sens coupable d'avoir mangé de la glace parce que ... » : tu culpabilises parce tu as fait quelque chose que tu regrettes comme dépenser de l'argent que tu destinais à autre chose, ou prendre des calories qu'il te sera difficile de perdre...

- La culpabilité peut être aussi de ne pas avoir les moyens de revenir en arrière sur ce qu'on a fait ou dit alors qu'elle entretient l'exigence d'une réparation possible.

• La culpabilité peut être une raison pour ne pas agir, une manière de se déresponsabiliser. Comme tu te sens coupable tu n'oses plus faire des pas vers l'autre, tu peux renoncer, tu peux laisser tout tomber.

• Cependant la culpabilité peut être un régulateur de ton comportement. Grâce à elle tu peux réajuster tes actes, tes paroles ... elle motive souvent tes changements. Il s'agit par exemple de la culpabilité sociale qui permet aux personnes de se remettre en question pour réintégrer les rangs.

La culpabilité peut se régler mais ce n'est pas magique. Il est certain que ce n'est pas d'un coup de baguette que les choses se rétablissent, que tu changes ta manière d'agir et de réagir. Cependant il y a quelques pistes qui peuvent aider à te repositionner, à aller mieux face à l'autre, face aux autres : si tu as fait quelque chose que tu regrettes tu peux réparer, parfois il faut arriver à demander pardon et faire une ou des démarches. La culpabilité est une prise de conscience, puis un chemin pour revenir dans ses valeurs, dans ses limites, dans ses principes.

La honte :

Si la culpabilité touche le faire, la honte est différente parce qu'elle touche l'être. Elle n'ouvre pas la porte au changement, elle t'enferme dans la vision que tu as de toi-même, dans ton état, dans tes limites. La honte est liée à ton identité, tu te coupes des autres mais tu es toujours en quête d'un regard, d'une parole valorisante.

- La honte est une émotion dite sociale car elle t'isole des autres, tu veux éviter leurs jugements, leurs regards. C'est la honte de ne pas avoir été à la hauteur des attentes d'autrui.

- La honte peut ne pas s'installer si tu réagis de suite, elle est comme toute émotion qui s'exprime après un stimulus, une provocation. L'affaire est ainsi réglée et ne s'intériorise pas car tu as pu affronter les jugements et les regards des autres.

- La honte te renvoie à un problème d'identité. Il y a quelque chose en toi que tu ne veux pas dévoiler à l'autre car le sentiment de honte s'est installé et fait son travail de destruction de l'estime de soi, de la dignité. Tu te focalises sur tes incapacités et non sur tes qualités.

• La honte engendre une grande souffrance, celle de ton image négative ou déformée dans le regard de l'autre. Tu n'en parles pas : tu ne te sens pas compris, tu te sais différent et tu te sens jugé et tu restes persuadé que rien ne pourra jamais changer. La honte c'est se demander pourquoi on t'aimerait, pourquoi on prendrait soin de toi alors que tu ne t'en sens pas digne.

• Cet isolement éteint l'empathie, la compassion pour l'autre, l'envie d'une relation à l'autre. Lorsque tu es honteux tu peux être brusque, avoir moins de tolérance car tu te retrouves seul avec ton sentiment d'indignité et personne à qui en parler.

• La honte peut t'amener à te haïr, à haïr des parties de toi.

• Quand tu as honte, tu as envie de te cacher, de t'isoler ou de te protéger par tous les moyens possibles. Tu as peur d'être dévoilé, découvert ! La honte touche ce que tu es et pas ce que tu fais. Elle est toujours négative.

• La honte peut trouver son origine dans différents aspects de ta vie : l'échec, tes origines, les injonctions familiales et celles de la société, ton corps, ta famille, ta maladie...

Malheureusement on peut éduquer avec la honte : « tu n'es pas désiré », « je te laisse à ton père, à ta mère, je ne te choisis pas » ... « tu n'es pas comme ci, tu n'es pas comme ça »... « tu n'arriveras à rien, tu n'es pas intelligent »... Par exemple « si tu n'étais pas là j'aurais fait autre chose dans ma vie » laisse entendre à l'enfant qu'il doit se faire invisible pour nuire le moins possible au projet de son parent.

La honte piège ton amour propre et l'étiole, le diminue. La honte étouffe ta vie car elle devient le lieu des humiliations.

Le chemin pour se libérer de la honte est long car il te demande de revisiter tes blessures et de « détricoter » les processus qui t'ont amené à être ainsi aujourd'hui.

Chapitre 15

Les injonctions

Définition [7] :

Fait d'enjoindre, de donner un ordre précis et formel. Sommation, commandement, ordre, mise en demeure.

Chaque société porte ses légendes et ses récits, et chaque famille transmet sa propre histoire et ses propres mythes. Naître dans tel pays et dans telle famille te met dans un cadre précis avec ses attentes ou ses injonctions, ses dictons, ses sagas, ses folklores.

L'injonction est d'abord un ordre qui est donné de manière claire : fais ceci ou ne fais pas cela ! Mais l'injonction est aussi quelque chose de plus flou comme une obligation non écrite qui plane sur une famille ou une société ou encore plus largement une culture.

---

[7] http://dictionnaire.reverso.net/francais-definition/d%27une%20injonction

Les différentes injonctions :

- L'injonction familiale : Sais-tu qu'il y a des injonctions dans chaque famille ? Chaque famille est comme portée par un désir étendu à chaque membre de la famille. Chaque famille porte ses valeurs propres : chez les Dupont « on est toujours à l'heure », chez les Durant, « personne n'est au chômage, tous sont des bosseurs » ; Chez d'autres « on est fier et on ne se laisse pas écraser »... Faire partie de ces familles revient à rentrer dans un cadre précis ou du moins à correspondre à certaines attentes qui paraissent légitimes pour ce cercle restreint ! Le mouton noir ou la brebis galeuse est alors celui qui sort du cadre familial, celui qui trahit un principe et se retrouve réprouvé par son entourage. Tu es dans une norme familiale qui parfois traverse plusieurs générations.

- L'injonction parentale : inconsciemment, l'enfant se sent un devoir de se conformer au désir de son parent. Enfant, tu ne veux pas décevoir tes parents et tu essaies de correspondre à l'image qu'ils veulent de toi. Très tôt l'enfant fait la différence entre ce qui déçoit et ce qui fait plaisir. Il développe une certaine loyauté envers ses parents.

Il arrive, par exemple, que l'enfant comprenne inconsciemment qu'il ne doit pas grandir : pour son père ou pour sa mère il doit rester assisté, il doit rester un enfant.

Tu connais peut-être cette injonction : « un homme ne pleure pas ! », alors l'enfant se relève et ravale ses larmes même s'il a très mal.

A l'adolescence la tâche ne sera pas facile car tu seras coincé entre ta construction personnelle et tes loyautés.

- L'injonction sociale : dit autrement, la pression sociale : parce que tu vis en société tu es soumis à quelques injonctions : la société cherche à créer des comportements chez ses citoyens sans en donner les explications.

Chacun de nous appartient à un système avec des règles de fonctionnement qui ne sont pas forcément écrites quelque part mais que tout le monde pratique : réussir l'école coûte que coûte, être jeune et beau (tout mettre en œuvre pour avoir un corps jeune et un esprit joyeux), être visible (tout le monde parle de lui, existe sur une toile invisible le net !), devoir constamment apprendre (la vie est un apprentissage), être mobile (prêt à changer de voie, changer de métier), réussir (prendre son destin en main).

- L'injonction publicitaire : nous avons des besoins ! Donc il faut consommer, acheter. L'individu est au centre de tout. Si tu as soif le message est qu'il faut boire sucré ! Si tu es une femme il te faut être belle et impérativement utiliser des crèmes : « Parce que je le vaux bien », « Changez de vie », « La vie est trop courte pour s'habiller triste », « Pour votre santé mangez 5 fruits et légumes par jour »... A travers la publicité des normes sont dictées pour notre quotidien : les femmes font du shopping, les salles de bain sont envahies de cosmétiques, la maison est rangée, ...

- L'injonction pour les femmes : Les femmes elles aussi sont soumises à des injonctions : il faut qu'elles soient belles et donc elles doivent se maquiller ! Et si elles ne sont pas très belles il faut qu'elles soient compétentes !

La femme normale est mince et douce, elle s'occupe de sa maison, elle fait la cuisine, elle devient mère et une mère a toujours l'instinct maternelle. Une femme mariée doit avoir des enfants, après la grossesse le corps d'une femme doit être parfait, les rides rendent les femmes indésirables, elles doivent tout faire pour être belles (« sois belle et ... »), elles sont séductrices, elles aiment être à l'intérieur.

• L'injonction pour les hommes : si tu es un homme, ou si tu veux en devenir un, la société attend que tu sois fort et non fragile ; difficile alors de montrer ses peurs, son amour, car un homme n'étale pas ses sentiments ! Un homme qui a réussi est un homme qui gagne un très bon salaire, l'homme ne sacrifie pas sa carrière pour sa famille, il est bricoleur, indépendant, il aime le sport, il est donc musclé, l'homme est dominateur, il aime le sexe voire il est obsédé par le sexe, il doit avoir de l'humour et ainsi cacher ses émotions, les hommes doivent réussir (au travail, au lit, avec les enfants...).

• L'injonction sexuelle : avec l'accès facile à la pornographie, aux rencontres facilités, la sexualité est codifiée : c'est comme ça que ça se passe, c'est cela qu'il faut faire, qu'il faut dire, on commence à tel âge, le corps doit être beau...

• L'injonction socio-communautariste : parce que je suis noir je ne dois pas me laisser faire, parce que je suis d'origine chinoise je suis un travailleur, les français sont râleurs.

Le monde dans lequel tu vis est complexe. Tu subis consciemment ou inconsciemment toutes sortes d'influences dont les injonctions qu'elles soient implicites, sous-entendues, ou explicites, claires.

Sans être hors de ton temps tu peux choisir d'être un homme, une femme unique. Arrête-toi de temps en temps sur les exigences que tu t'imposes. En pesant, en réfléchissant à ton mode de vie, à tes priorités tu pourrais découvrir que tu n'as pas choisi d'être qui tu es aujourd'hui ou de faire ce que tu fais. C'est lorsque tu prends conscience de quelque chose que tu peux te mettre en mouvement.

Chapitre 16

Les rites de passages

Les rites de passages[8] sont des rituels qui dans certaines sociétés marquaient le changement de statut d'un jeune, d'un enfant. Le but des rites de passage est la transformation de l'individu : l'individu est séparé de son groupe équivaux à une mort symbolique ; une phase de mise en marge où l'individu est sorti du groupe pour vivre des épreuves ; une phase de réintégration au sein du groupe car l'individu revient différent et peut avoir un statut et une fonction.

Les rites étaient surtout tournés vers l'enfant. Par une démarche, une cérémonie très précise le garçon accédait au statut d'homme et les filles au statut de femme. Ces cérémonies plaçaient les jeunes dans une filiation, les liaient aux aînés.

A notre époque, dans les pays dits développés ou industrialisés, la majorité des familles ne pro-

---

[8] .Arnold van Gennep, *Les Rites de Passage*,1909, réédition Picard, 1981.

posent pas de cérémonies, d'événements pour dire à leurs enfants que maintenant ils sont adultes, des hommes ou des femmes. Il y a bien sûr l'âge symbolique des 18 ans, « l'enfant », le mineur dépendant de ses parents devient aux yeux de l'état une personne totalement responsable de ses actes et se situe plus dans une rupture avec sa famille que dans une affiliation : libre de quitter le toit familial, libre de conclure des contrats et de gérer son argent, responsable vis-à-vis de ses professeurs et employeurs, se marier sans autorisation d'un tiers, voter, se porter candidat à une élection et être élu, s'exprimer librement, créer une association, accéder à la sécurité sociale.

A 18 ans, même si tu ne fêtes pas ton anniversaire, même s'il n'y a pas de feux d'artifice, tu passes sans t'en rendre compte dans le monde des adultes, des majeurs ! Tu changes de place dans ta société de manière automatique sans aucun effort à fournir. Quand est-ce qu'on est une femme, un homme ? La réponse de la société est : 18 ans révolu !

Quand as-tu pris conscience que tu as traversé une expérience cruciale qui t'emmène dans un autre monde, en passant de l'irresponsabilité à une responsabilité totale ?

• Comment savoir que tu as grandi ? Lorsque tu peux sortir, fumer, découcher, avoir un petit copain ou une petite copine... ?

• Est-ce lorsque tu as quitté tes parents, lorsque tu as payé ton propre appartement, lorsque tu es devenu parent à ton tour (responsabilité d'un être autre que toi) ?

• Comment savoir qu'on est de l'autre côté quand les plus âgés veulent tout faire pour ressembler aux ados : écoutent les mêmes musiques, voient les mêmes films, et s'habillent comme eux ?

Aujourd'hui de nouveaux termes sont devenus courants comme l'adulescence ou le syndrome de Peter Pan. Ce sont des majeurs de tout âge qui sont entre deux mondes désirant rester enfants ou adolescents. Ce sont des adultes qui ont du mal à assumer certaines responsabilités comme par exemple gérer une vie familiale et laissent le conjoint prendre seul beaucoup de responsabilités. D'autres encore dépendent toujours affectivement ou financièrement de leurs parents.

Des questions à te poser :

• As-tu appris à te séparer de ton enfance, de tes parents ? C'est un changement qui permet d'ancrer une direction de vie, une identité. Cette séparation est rite de passage dans la mesure où elle t'enracine dans ta culture pour t'installer dans une société qui te traverse et dont tu es le sujet ; ta société qui est le lieu où tu es tour à tour acteur et spectateur.

• Quels sont les repères qui montrent que tu as franchi un cap, celui du monde des adultes ? Le rite de passage est comme son nom l'indique quelque chose qui permet de passer d'ici à là. Il y a un changement de place qui est conscient, volontaire. Es-tu à ta place dans ce monde et quelle est-elle ?

• As-tu vécu une forme de rite : la coupure avec la vie quotidienne, le partage d'une expérience intense en équipe, l'exposition non gratuite au danger, l'épreuve forte qui te fait grandir ? Ou as-tu mis en place une forme de rite à travers des conduites à risque où tu te mets en danger tout seul comme pour « tester toi-même la légitimité de ton existence » ? (Est-ce pour cela que certains font des choses extrêmes ou hors cadre ?).

• Est-ce que les pratiques que tu as vécues t'ont-elles rendu plus responsable et plus impliqué dans la vie collective ?

Autour des rituels :

• Les rituels concernant la religion juive n'ont pas changé : ces familles fêtent la majorité religieuse, la barmitsva pour les garçons à 13 ans et la batmitsva pour les filles à 12 ans. A ces âges, le jeune est capable de vivre les commandements, et il est donc considéré comme une personne à part entière. Il n'est nullement question de taille ou de transformation physique mais d'une capacité morale à faire une différence entre le bien et le mal.

• Dans nos sociétés le concept de rituel est en essor et perd de sa dimension première. Alors qu'il était passage il devient aujourd'hui marqueur d'événements de sa vie : les 18 ans, les 20 ans, les enterrements de vie du marié et de la mariée, des enterrements personnalisés, le baptême civil... De plus en plus de personnes veulent simplement rendre des événements de leur vie inoubliables !

Devant une jeunesse qui ne sait pas ce qu'être adulte signifie et des adultes qui veulent rester jeunes, nos sociétés cherchent à réintroduire une notion de rite. Ceci pour que chacun intègre une dimension et une pratique sociale et s'enracine dans la société pour être responsable de ses actes mais aussi de ses paroles. Malheureusement si ta famille ou tes tuteurs ne t'ont pas appris les codes du respect de la personne, des biens et de l'Etat du pays dans lequel tu vis, être un adulte devient source de conflits et de frustrations.

Même si chaque famille transmet son histoire et ses valeurs propres son but est que chacun de ses enfants trouve sa place dans la société où il vit, en respectant les codes pour s'y épanouir et apporter une contribution à son évolution.

Qu'est-ce qui fait que tu te sens un homme fait, que tu te sens une femme faite ? Es-tu passé par certaines étapes qui t'ont transformé et amené à un nouveau mode de vie ?

Chapitre 17

La crise

La crise est une transition entre deux équilibres. Vivre une crise est mettre en marche un changement : tu ne sais pas où tu vas mais il n'est plus possible de laisser les choses en l'état, comme cela. Tu prends appui sur ce qui était avant et tu tâtonnes sur ce qui n'est pas encore là, sur des éléments que tu mets en place sans tout maîtriser.

Le changement est de l'ordre du processus même s'il peut être brutal dans les faits. Parfois cette transition peut être abrupte parce qu'elle est extérieure à toi et te déstabiliser. Parfois tu perds quelque chose (un statut, une situation, un objet, une amitié, une personne). Parfois tu prends de la distance ou encore tu te réajustes aux situations. De toutes manières, quelques soient les crises, elles appellent à une évolution, il y a quelque chose d'insupportable qui doit devenir acceptable ou tout simplement disparaître.

« Le complexe du homard » de Françoise Dolto[9] :

Le homard est un crustacé qui pour grandir doit changer de carapace. Il s'extirpe à plusieurs reprises de sa carapace trop rigide et étroite pour se retrouver tout mou et vulnérable au fond de la mer : sa nouvelle enveloppe prend plusieurs semaines pour être complètement rigide. Il peut muer jusqu'à vingt fois avant d'atteindre sa taille adulte !

En comparant l'adolescent à un homard Françoise Dolto souligne la fragilité de l'adolescence qui est en quelque sorte la période où le homard opère sa mue. L'adolescence doit faire face à la sexualité, l'amitié, la honte, la drogue, les parents, toute sortes de nouvelles situations. La crise est cette prise de conscience de sa fragilité et de ses limites. La carapace du homard pourrait représenter les valeurs de tes parents, leurs règles, les habitudes, leur vision du monde. Le homard se débarrasse de son ancienne peau durcie pour muer et se refaire une carapace sur des mesures différentes, plus grandes pour l'amener à sa taille définitive.

---

[9] Françoise Dolto, Catherine Dolto -Tolitch, Paroles pour adolescents ou le complexe du homard, éd. Hatier, 1989

Le phénomène « Tanguy » :

Le phénomène Tanguy est une expression tirée d'un film sorti en 2001[10] : « Tanguy ». Il s'agit d'un jeune qui ne quitte pas la maison parce qu'il se trouve très bien chez ses parents. C'est rester chez papa et maman après ses études ou sa formation. De plus en plus de jeunes considèrent leur chambre comme chez eux et vivent leur vie dans leur chambre. Internet permettant d'être relié constamment au monde, la sexualité étant libérée dans beaucoup de familles, le jeune a tous les avantages d'une vie indépendante sans les inconvénients tels le loyer à payer, faire les courses et cuisiner.

Devenir adulte à la maison est souvent source de conflit car les parents opposent à leurs enfants leurs revendications de liberté à cette impossibilité de voler de leurs propres ailes. Il leur est reproché de rester au nid tout en voulant changer les règles de la maison. La crise est la mise en place d'une liberté réelle et assumée lorsque la famille a su rester dans un dialogue permanent tout en assurant une certaine sécurité.

---

[10] Film du même nom « Tanguy », réalisateur Etienne Chatiliez.

Les « hikikomori » :

Hikikomori est un terme japonais pour désigner au départ de jeunes japonais qui sont en rupture avec le monde extérieur, enfermés chez eux dans leur chambre. Ils ont tout simplement arrêté le contact avec l'extérieur comme une sorte de repli sur soi et n'ont plus de relations amicales voire familiales. Il semblerait que le changement et l'exigence de la société soient trop pesant pour eux. La crise se vit avec la peur de l'extérieur. Ils sont alors très seuls et se désinvestissent du monde extérieur.

Devenir adulte ou grandir c'est toujours se réajuster, s'adapter pour trouver son identité, pour se développer, pour avancer sur sa trajectoire. La société revendique la liberté de se construire soi-même, ce qui n'est pas de tout repos, car il faut se prendre en main ! Grâce à l'évolution des mœurs, les désirs et le rythmes de croissance de chacun sont pris en compte mais en contrepartie il faut de plus en plus ne compter que sur soi ; ce qui peut être source d'insécurité. Il reste toujours la possibilité de demander de l'aide aux personnes de confiance qui sont autour de toi pour renforcer tes valeurs et t'encourager à les vivre.

Il arrive que tu vives les épreuves, les difficultés de ta vie comme une rupture brutale et le changement ne s'enclenche pas. Si les pertes te semblent trop grandes tu peux passer par un état déprimé voire dépressif. Si ton état persiste fais attention car tu es peut-être en dépression et là il faut te faire aider, tu n'as plus d'énergie, plus de peps..

La crise :

- C'est le signe que tu es vivant car tu évolues au fil des décisions, des rencontres et des situations.

- Elle est le signe d'une trajectoire personnelle pour un changement possible.

- C'est prendre la juste distance avec tes proches, avec tes parents, tes amis et ne plus être enfermé dans des attentes ou des situations.

- Un vrai dénouement amène de la joie à ta vie.

- Evoluer c'est avant tout être dans la réalité car la vraie vie est parsemée d'obstacles, de difficultés qu'il faut affronter pour ressentir la joie et le pouvoir de ses possibilités.

- Le changement est à la mesure de l'énergie que tu veux dépenser pour aller vers ton objectif.

- Crise n'est pas synonyme de rébellion, de comportements excessifs, conflits, révoltes, remise en question radicale mais est synonyme de transition, de passage.

Les meilleures conditions pour vivre une crise sont la présence de personnes bienveillantes autour de toi pour être un bon cadre qui accompagne les excès, les doutes, les moments d'abattement et les contradictions. Les gratifications et la protection qu'offre la bienveillance redonnent confiance en soi et permettent de rester connecté à ta trajectoire personnelle.

Ressortir de ce passage tumultueux sans faire trop de dégâts autour de toi, sans avoir blessé grièvement tes proches est un véritable défi ! Durant les crises tout bouge en toi et c'est aussi l'opportunité de développer une meilleure façon de communiquer.

Chapitre 18

Les besoins existentiels fondamentaux

Les besoins existentiels fondamentaux[11,12] sont à différencier des besoins primaires. Ces derniers concernent les besoins physiologiques indispensables à savoir la faim, la soif, l'élimination, le maintien de la température corporelle, la respiration, le logement, le sommeil.

Les besoins existentiels répondent à un besoin fondamental de se sentir exister. Exister vient de « sortir de », « se manifester » pour être pleinement dans le monde, dans ton monde. Prendre conscience de tes besoins est important car cela légitime certaines de tes attentes. Chaque bébé à

---

11 Abraham Maslow, « A Theory of Human Motivation », Psychological Review, no 50, 1943, p. 370-396

12 Virginia Henderson, les quatorze besoins fondamentaux : https://www.infirmiers.com/etudiants-en-ifsi/cours/cours-soins-infirmiers-virginia-henderson.html

sa naissance devrait être entouré par des personnes qui ne veulent que son épanouissement, son développement harmonieux et être accueilli dans un écrin relationnel. Tu n'es pas orgueilleux, ni nombriliste lorsque tu attends de la bienveillance de la part de l'autre, quand tu es dans tes besoins fondamentaux.

Tu as besoin de considération :

* Que les autres aient une bonne opinion de toi.

* Qu'on tienne compte de ce que tu penses, de qui tu es.

* Qu'on ne t'ignore pas.

* Que tu aies de la valeur.

Tu as besoin d'attention :

* Recevoir des cadeaux : Recevoir un sourire, un clin d'œil, des félicitations, un signe de la main, un applaudissement ou tout autre signe.

* Etre encouragé.

* Capter le regard de l'autre sur ce que tu fais, ce que tu dis. Etre remarqué, être accueilli.

* Attirer le regard de l'autre d'une manière ou d'une autre.

Tu as besoin d'être reconnu :

* Avoir une place : être félicité, admiré, approuvé.

* Pouvoir t'exprimer, ta parole a du poids.

* Exister dans le regard de l'autre, être vu et remarqué.

* Avoir de l'importance.

* Ne plus être enfin à l'affût des compliments.

Tu as besoin de te sentir respecté :

* Poser des limites que personnes ne piétinent : tes choix et tes opinions.

* Avoir un espace protégé, respecté.

* Ne pas être atteint dans ton corps, tes valeurs, tes croyances.

* Pouvoir être différent.

* Pouvoir renforcer ton sentiment d'individualité.

Tu as besoin de te sentir compris, entendu :

* Exprimer une parole qui ne sera pas déformée.

- Pouvoir échanger avec l'autre.

- Régler les désaccords éventuels.

- Savoir que l'autre entend ta sincérité.

- Savoir que ce que tu as dit n'est pas tombé dans l'oreille d'un sourd.

- Apprendre parce que tes limites peuvent s'exprimer.

Tu as besoin de te sentir exister à travers le regard de l'autre :

- Un regard qui ouvre une porte sur des mondes intérieurs.

- Une invitation à une aventure commune.

- Prendre vie.

- Prendre consistance, ne plus être transparent.

- Livrer ce que tu ressens.

- Offrir ton regard et recevoir le regard de l'autre et te sentir aimé.

- Avoir une importance particulière pour quelques personnes.

- Partager de l'intime avec confiance.

- Ne pas vivre seul.

- Etre relié à quelqu'un.

Lorsque l'autre t'accueille tu peux libérer une parole qui agira dans ta vie et vice versa. Les paroles ont le pouvoir de faire du bien.

Les besoins existentiels peuvent aussi se résumer ainsi :

- Exprimer tes aptitudes, te réaliser, te forger une identité : agir, être en action avec ce que tu es : comme être utile à soi.

- Aller vers l'autre comme pour être utile à l'autre.

- Tisser des liens, être en partenariat pour aller plus loin dans l'aventure de la vie.

Des questions qui peuvent te permettre d'aller plus loin :

- Peut-on être malade de ne pas être aimé ou de ne pas aimer ?

- Peut-on être malade de ne pas être soi ?

- Y a-t-il une ordonnance, des prescriptions pour prendre soin de son soi intérieur ?

- Y a-t-il une liste de valeurs vers lesquelles tu voudrais aller ?

« Entre Ce que je pense, Ce que je veux dire, Ce que je crois dire, Ce que je dis, Ce que vous avez envie d'entendre, Ce que vous entendez, Ce que vous comprenez... il y a dix possibilités qu'on ait des difficultés à communiquer. Mais essayons quand même... » (Bernard Werber)[13]

---

[13] http://www.bernardwerber.com/unpeuplus/ESRA/tentative.html

Chapitre 19

Les tempéraments

Lorsque deux personnes se mettent ensemble bien rapidement elles décodent si l'autre aime être en compagnie, préfère la solitude, accueille l'imprévisible ... Ces différentes façons d'interagir avec son environnement sont propre à chacun, cependant des caractéristiques ont été regroupées pour former des catégories où chacun peut se reconnaître. Les tempéraments sont donc une piste pour prendre conscience de qui tu es, comment tu peux être en relation avec les autres. Les tempéraments sont définis par quatre grands types : les flegmatiques, les mélancoliques, les sanguins et les colériques.

Cette étude de l'humain à travers le prisme des tempéraments existe depuis bien longtemps. Hippocrate, médecin grec né au Vème avant Jésus-Christ, utilisait la théorie des humeurs (terme qu'il employait) pour expliquer l'origine des maladies de ses patients. Il parlait alors des lymphatiques (flegmatiques), des mélancoliques (nerveux), des sanguins et des bileux (colériques)[14].

L'étude des tempéraments est intéressante car en sachant à quel tempérament tu appartiens tu deviens plus lucide sur toi et sur les autres. Il n'y pas de hiérarchie entre les tempéraments, il n'y en a pas un meilleur que les autres. Ils se complètent surtout quand tu développes les qualités et non les défauts liés à chacun.

Les différents tempéraments :

• Les sanguins : les priorités sont les relations sociales et l'échange. Ils sont assez spontanés, démonstratifs et bout en train : ils n'aiment pas la routine et l'ennui. Ils aiment être populaires. A cause de ce besoin de relations ce sont de vrais bavards et donc plutôt indisciplinés.

• Les colériques : la priorité est d'atteindre l'objectif qu'ils se sont fixés, ce sont des bosseurs, des organisateurs et passent vite à l'action : ils n'aiment pas l'indécisions, ils aiment l'efficacité. Ils peuvent être très entêtés pour arriver à l'objectif fixé.

---

[14] https://www.universalis.fr/encyclopedie/theorie-des-humeurs/

• Les flegmatiques : la priorité est de maintenir les relations. Ils sont généralement très compréhensifs et patients, savent écouter : ils aiment la paix et pour la maintenir préfèrent éviter les conflits.

• Les mélancoliques : la priorité est de bien faire les choses quitte à prendre du temps. Ils aiment la précision et l'ordre, ils ont de la persévérance dans ce qu'ils entreprennent. Les décisions étant mûrement réfléchies ils ont une forte tendance à l'introspection.

Pour connaître quel est ton tempérament dominant il est possible de faire les tests, et découvrir à quelle catégorie tu auras tendance à appartenir, sachant que chacun est un mixte de plusieurs tempéraments avec une dominance.

Voici un résumé humoristique des quatre tempéraments : l'histoire de la salade. Imagine que tu es invité à une super soirée mais que malheureusement tu as passé une bonne partie de la soirée avec un gros morceau de salade entre les dents. Comment réagirais-tu si tu étais :

• Sanguin : tu penses que c'est une blague mais tu finis par demander sur quelle dent se trouve la fameuse salade et hop tu l'enlèves et tu ris encore de la mésaventure.

• Colérique : tu ne ris pas et tu ne comprends pas pourquoi personne ne l'a dit auparavant. Tu vas de suite dans les toilettes et tu l'enlèves. Tu reviens et l'affaire est close !

• Flegmatique : tu es surpris mais ce n'est pas la fin du monde, ça peut arriver à tout le monde ! Tu l'enlèves gentiment. Après tout, ça fait un bon moment qu'elle est là entre tes dents cette feuille de salade !

• Mélancolique : c'est la honte ! Pourquoi personne ne t'a rien dit ? Tu t'es ridiculisé pendant une bonne partie de la soirée. Tu es mal à l'aise, tu aimerais te cacher dans un coin. La soirée est finie pour toi !

Le retour :

Si tu es venu avec un sanguin tu en riras assurément au retour.

Si tu es venu avec un colérique c'est même pas la peine d'en parler.

Si tu es venu avec un flegmatique c'était une parenthèse.

Si tu es venu avec un mélancolique tu n'as sûrement pas fini ta soirée ...

Les tempéraments sont complémentaires, pour qu'un groupe fonctionne il faut les quatre : un chef, quelqu'un qui fixe des objectifs, un secrétaire, quelqu'un qui assure pour les détails, un bout en train, quelqu'un qui lie le groupe, un pacificateur, quelqu'un qui arrange les choses.

Les tandems :

Sanguin et colérique : tous deux sont extravertis. Ils aiment aller vers l'autre et sont optimistes. Ils font une bonne équipe dynamique.

Flegmatique et mélancolique : tous deux sont introvertis et plus pessimistes : c'est un tandem lent mais équilibré.

Colérique et mélancolique : c'est un bon tandem avec un leader et un esprit d'analyse. C'est le fameux cas du patron et de la secrétaire.

Sanguin et mélancolique : tandem à deux vitesses car l'un est toujours prêt à sortir, à vivre à cent pour cent et l'autre une personne qui a besoin d'anticiper, de prévoir les choses.

Colérique et flegmatique : l'un vit avec intensité, s'investi dans des projets et l'autre reste détaché mais suit avec souplesse.

Sanguin et flegmatique : un tandem insouciant. L'un vit le moment présent et l'autre est cool, aime prendre le temps.

Chacun a un peu de tout en lui mais il y un tempérament qui domine, et celui-ci reste déterminant dans ta relation à l'autre et dans ta manière de t'impliquer dans ton travail !

Il est important de garder à l'esprit qu'il te faut développer les qualités de ton tempérament et non rester fixé sur les défauts. Ainsi le sanguin est avant tout un curieux, un communicant, un enthousiaste, un aimant. Le colérique est un fonceur, un leader, un organisateur. Le flegmatique est un pacifique, un écoutant, un calme, un enjoué. Le mélancolique est un aidant, un penseur, un idéaliste, un sensible.

Avoir une bonne compréhension des tempéraments c'est aussi faciliter une meilleure acceptation de soi. Découvrir tes deux tempéraments dominants t'éclairera sur quelques raisons pour lesquelles tu vis comme tu le fais.

Chapitre 20

Les malédictions contre soi-même

Face à une souffrance, et particulièrement à un échec tu te barricades pour ne plus souffrir du tout. Tu es alors prêt à renoncer à beaucoup de choses, voire les sacrifier pour ne plus éprouver une expérience semblable. Même s'il est important de se protéger pour un temps, se retrouver, se rétablir, tu peux aussi mettre en place quelque chose qui t'éloigne du bonheur. Ainsi certains peuvent s'enfermer dans le « plus jamais ça », ne plus être exposé à la douleur, ne plus prendre le risque d'avoir très mal. C'est comme se faire une anesthésie générale pour ne pas ressentir une douleur, mais là il n'y a pas d'opération et la plaie psychologique reste ouverte.

Tu veux rester dans le contrôle pour ne plus prendre le risque de t'exposer à une douleur mais tu restes très vulnérable car la cicatrice ne se referme pas.

Il y a des mots, des phrases qui s'érigent comme une prison dans laquelle tu t'enfermes toi-même. Les murs sont dressés pour te protéger d'un monde que tu connais : la douleur. Des mots qui circulent dans ta tête sont comme des mots remparts, des mots écrans pour te protéger de la relation à l'autre. Ce sont comme des formules magiques qui protègeraient de l'autre.

Cependant les mots ont certainement un pouvoir dans ta vie :

- « Plus jamais de déception » : tu restes sur la défensive, en alerte, en tension. Etre sur la défensive c'est être en position de défense !

- « Plus jamais d'abandon » : tu ne te laisses pas approché de trop prés. Tu évites de tisser des liens trop serrés ou bien tu romps la relation avant que l'autre le fasse.

- « Plus jamais de trahison » : tu restes suspicieux, méfiant. Toute parole devient une promesse et tu évites de t'engager toi-même.

- « Plus jamais d'amour » : tu restes dans une relation sans avenir, sans projet car tu as peur de ne pas être à la hauteur, ou que l'autre ne soit jamais l'être idéal.

* « Plus jamais je pardonne » : tu restes à régler des comptes, à faire payer en retour. Il reste une dette entre toi et l'autre personne. Le mal que tu as ressenti est toujours là et érigé comme un étendard pour ne pas l'oublier.

* Les « plus jamais » sont comme des mécanismes de défense contre la répétition probable d'une douleur. Les plus jamais sont à utiliser avec réflexion et prudence !

Les plus jamais te protègent en attendant de trouver, peut-être, quelqu'un d'exceptionnel pour te sauver de ton enfermement, un autre parfait, exceptionnel, qui saura passer au-dessus de tes limites. En attendant ce sont des mots qui emprisonnent, qui deviennent une cage et te laissent dans une crise continue car le changement, la libération ne vient pas.

Les malédictions contre toi-même rejoignent en quelque sorte le discours intérieur. Mais ce n'est plus un discours c'est plutôt une injonction à soi-même suite à une ou des expériences malheureuses. C'est une solution définitive pour parer à toute autre souffrance.

Malédiction et bénédiction :

- Dans malédiction il y a cette notion de « mal dire », de « mal diction ».

- Inversement dans le mot bénédiction il y a « bien dire », bonne diction ».

- Au lieu de te prédire des mauvaises choses pourquoi ne pas te prédire de bonnes choses ?

- Lorsque la sorcière dans une histoire dit « plus jamais tu n'aimeras » c'est alors une tragédie car le héros ne connaîtra plus l'amour. C'est la même chose pour toi si tu te dis : « plus jamais je n'aimerai » : tu scelles en quelque sorte une partie de ton avenir !

Les blessures peuvent ralentir des trajectoires de vie mais les capacités de chacun peuvent être employées à créer de l'espoir, à choisir de se faire du bien et de se dire du bien. Les mots ont un pouvoir, ils ouvrent un certain chemin possible comme une vérité nouvelle de soi.

Les manières positives de se dire les choses :

- L'échec d'aujourd'hui peut devenir une réussite demain !

- « Je suis nul » peut devenir « j'ai fait une expérience » parce que l'expérience ouvre la voie aussi bien à la réussite qu'à l'échec.

- « J'ai des soucis » peut devenir « j'ai des problèmes » car quand on parle de problème on induit qu'il y a une ou plusieurs solutions.

- Aujourd'hui les écoles de coaching sont nombreuses et leur outil principal est le choix d'un vocabulaire positif pour que ce vocabulaire soutienne les décisions et les actions.

La malédiction pour soi-même utilise un vocabulaire restreint ! A savoir : Toujours, jamais, jamais plus, impossible. Ce vocabulaire éteint toute créativité pour chercher un chemin nouveau dans une situation difficile. Voici une définition intéressante : « La douleur est ce qui fait dire "j'ai mal", la souffrance est ce qui fait dire "je suis mal »[15].

La souffrance est un état instable qui te déstabilise dans ton présent. Cet état de souffrance cherche à retrouver le plus rapidement possible de la stabilité et du repos parfois en sacrifiant des

---

[15] Régis Aubry, Marie-Claude Daydé, Soins palliatifs éthique et fin de vie, Editions Lamarre, 2013

bonheurs futurs. Avoir de l'imagination, de la créativité c'est être flexible pour croire que quelque chose de bien peut t'arriver et te mettre en recherche d'une nouvelle direction, d'une solution. Les mots sont alors le reflet de cette confiance en l'avenir, de cette confiance en toi qui peuvent donner du poids à ton désir de faire bouger les lignes de tes limites et l'envie d'aller mieux.

Chapitre 21

Une fable : le paradoxe d'Abilène

Le sociologue Jerry Harvey propose dans son ouvrage[16] une fable pour illustrer la prise de décision d'un groupe.

La fable raconte une rencontre familiale : un jeune couple vient rendre visite à sa famille. Les visites étant espacées le désir de faire plaisir est grand !

« Le père, craignant que le jeune couple s'ennuie, propose d'aller dîner en ville, à Abilène, située à environ 80 km de là. Il se verrait bien rester tranquillement à jouer aux dominos, mais faire plaisir à sa fille lui paraît important. La jeune femme s'enthousiasme, pour ne pas gâcher le plaisir de son père, et elle demande à son mari

---

16 Jerry B. Harvey, The Abilene Paradox and Other Meditations on Management, San Francisco : Jossey-Bass, 1988

ce qu'il en pense. Pour ne pas se retrouver en décalage avec les désirs des autres, celui-ci accepte, tout en demandant si sa belle-mère est d'accord. Celle-ci, qui n'a pourtant aucune envie de se coltiner un trajet interminable dans la vieille guimbarde sans clim, hoche du chef : bien entendu, elle a envie d'y aller.
L'expédition est évidemment un désastre dont chacun reviendra frustré et de mauvaise humeur rejetant la faute de ce fiasco sur les autres. »

Le paradoxe d'Abilène dit qu'on peut tous se tromper en croyant faire plaisir aux autres et qu'il est toujours indiqué d'exprimer ses désirs même si on se rallie au groupe par la suite. La pression du groupe te paraît parfois écrasante ; elle l'est souvent ! Cependant si tu es avec des proches, les laisser décider à ta place ou leur faire plaisir trop souvent emmène les relations sur le terrain des frustrations. Et comme dans l'histoire, la joie n'est plus au rendez-vous. L'enjeu est toujours le même dans l'aventure à l'autre : rester soi-même tout en étant dans l'échange et l'ouverture.

Cette fable t'invite à réfléchir sur les situations quotidiennes et sur tes engagements dans la société afin de ne pas laisser place au conformisme. Car les sociétés peuvent fonctionner comme cette famille et prendre des destinations que personne au fond ne veut réellement ; les individus se trouvent dans une aventure qu'ils n'ont pas choisie : conflits et frustrations sont aussi au rendez-vous dans nos sociétés. Cette histoire t'invite à être pleinement responsable de tes positions et de tes opinions.

Comment grandir ?

Table des matières

Comment grandir ?

Comment grandir ?

Comment grandir ?

Edition : Books on Demand,
12/14 rond-Point des Champs-Elysées, 75008 Paris
ISBN : 9782322085910
Dépôt légal : janvier 2018